〚 山本良和の算数授業 〛

必ず身につけたい算数指導の基礎・基本55

資質・能力を育む授業を実現するための方法

筑波大学附属小学校
山本良和 著

明治図書

はじめに

　新しい学習指導要領が告示されました。算数科では，数学的な見方・考え方を働かせ，数学的活動を通して，数学的に考える資質・能力を育成することが目標となっています。そして，その資質・能力として以下のようなことが示されました。

　　○数量や図形などについての基礎的・基本的な概念や性質などの理解
　　○日常の事象を数理的に処理する技能
　　○数理的に捉え見通しを持ち筋道を立てて考察する力
　　○統合的・発展的に考察する力
　　○数学的な表現を用いて事象を簡潔・明瞭・的確に表す力
　　○目的に応じて柔軟に表す力
　　○学習を振り返ってよりよく問題解決しようとする態度
　　○算数で学んだことを生活や学習に活用しようとする態度

　今回告示された学習指導要領を見ると，「数学的活動」「数学的に考える資質・能力」を始めとしたいくつかの新しいキーワードが目につきます。それぞれのキーワードの意味をしっかり解釈し，理解して算数の授業づくりに取り組んでいく必要があります。ただ，これまでの学習指導要領の改訂でもそうでしたが，学校現場は学習指導要領に示された新しいキーワードの解釈とその具体化に右往左往してしまいがちです。目の前にいる現実の子どもの姿抜きで，言葉遊びをしているような算数授業づくりであってよいはずがありません。学習指導要領改訂の時期だからこそ意識しなければならないのは，算数の授業づくりには新しいキーワードに見られるような「流行」の部分もあれば，「不易」の部分もあるということです。つまり，算数の授業をつくるという本質的な営みの中には，学習指導要領が変わっても決してぶれないことがあるということです。

本書では，算数の授業をつくるうえでの「不易」である基礎・基本にあたることを中心に，私の経験を踏まえて整理してみました。特に教職経験の少ない若い先生方にもわかりやすいように，算数の授業をつくるためにどのようなことに気をつける必要があるのかということを具体的な項目を設定して紹介しました。

　また，新学習指導要領が告示されたこの時期ですから，これからの時代に求められる算数授業づくりの「流行」にあたることについても私の考えを紹介しました。特に，第1章では，具体的な授業例を通して私が大事にしている算数授業観を示し，画一的で形式的な授業になりがちな算数授業観を振り返っていただきたいと考えました。教師の授業力が成長すれば，算数の授業づくりは必ず成長します。我々教師は，今，自分が行っている算数授業が当たり前と思うのではなく，常に向上させていこうという意識を持ちたいものです。新しい学習指導要領になるからこそ，まだ誰も見たことのない算数授業を生み出してみようと考えてみるのもよいでしょう。

　教師が努力した算数授業の先には，必ず学ぶ子どもの笑顔が待っています。本書が子どもの笑顔を生み出す算数授業づくりの一助となれば幸いです。

　　平成29年5月

　　　　　　　　　　　　　　　　　筑波大学附属小学校　　山本　良和

CONTENTS

はじめに 3

Chapter 1 子どもの素直さを大事にした資質・能力を育む算数授業づくりの基礎・基本

1 算数の授業は問題を解決する授業だけど… ──────── 12
 1．ある算数授業の導入場面から 12
 2．まどろっこしい導入の中にこそ算数の授業の本質がある 14
  ①算数の言葉を実感的に理解する 14
  ②主体的に取り組む態度を育てる 15
  ③全員の「出力」を通して全員参加の意識を育てる 15
  ④子どもに自分の問題意識を乗り越えさせる 19
 3．後半の授業の展開から見えてくること 20
2 算数の授業とは何か ──────────────────── 21
 1．算数の授業って何を教えるの？ 21
 2．算数で「できる」「わかる」「知っている」はどう違うの？ 23
 3．算数の「楽しさ」って何？ 25
 4．問題解決学習って問題を解けばいいの？ 27
 5．問題解決型授業と問題解決の授業って同じもの？ 28

Chapter 2 資質・能力を育む算数授業を実現する55の方法

教材研究の仕方編

1 算数の教材研究はなぜ必要なの？ 32
2 算数の教材研究はどうやってすればいいの？ 34
3 教科書を使って教材研究するときに意識すべきことは？ 36
4 教科書を使った教材研究を深める方法は？ 38
5 教材研究をする範囲は？ 40

教科書の使い方編

6 算数の教科書の記述はどのように読み取ればいいの？ 42
7 授業中，算数の教科書はいつ使えばいいの？ 44

算数の授業づくり編

授業開き・学習規律

8 算数の授業開きで大事にするべきことは？ 46
9 算数授業の学習規律や形式化はどう考えればいいの？ 48
10 子どもが使える学習規律を整えるには？ 50
11 算数の学びの邪魔をする学習規律は？ 52

> 全員参加の授業づくり

　12　算数授業の言語活動で大事にすべきことは？　54
　13　全員参加の授業にならないのはなぜ？　56
　14　全員参加の授業を推し進めるためには？　58
　15　「できる子ども」だけで授業が進まないようにするには？　60
　16　自力解決のときに気をつけることは？　62
　17　ペア学習やグループ学習はどんなときに取り入れるの？　64
　18　文章問題を正しく読めるようにするためには？　66
　19　間違った答えはどのように扱えばいいの？　68

> 発問・問題提示

　20　算数の発問で気をつけることは？　70
　21　子どもの興味・関心を引き出す問題提示のコツは？　72
　22　条件不足の問題提示のコツは？　74
　23　情報過多の問題提示のコツは？　76
　24　ゲームやクイズのような活動から始めるときのコツは？　78
　25　教材の見せ方の工夫にはどんなものがあるの？　80

> 板書・ICT

　26　黒板に貼るものはどういうもの？　82
　27　黒板に書く内容で気をつけることは？　84
　28　黒板に書くチョークの色の使い分け方は？　86
　29　算数の板書レイアウトの基本型は？　88

30 算数の板書レイアウトの応用編は？ 90
31 板書の仕方で気をつけるべき細かいことは？ 92
32 算数授業でICTを使う効果は？ 94
33 算数授業における具体的なICTの使い方は？ 96

（ノート・ワークシート）
34 算数のワークシートを使うときに気をつけることは？ 98

（定着）
35 計算に関する知識・技能の定着をはかるための方法は？ 100
36 図形に関する知識・技能の定着をはかるための方法は？ 102
37 数学的な見方・考え方の定着を意識したまとめのあり方は？ 104

（振り返り・評価）
38 「振り返り」とは何をすることなの？ 106

（授業評価）
39 自分が行った授業を自分自身で評価する方法は？ 108

（学習指導要領との関係）
40 算数授業の「問題」と「課題」は何がどう違うの？ 110
41 「課題」を設定するときに気をつけることは？ 112
42 数学的活動って何？ 114
43 数学的に考える資質・能力とは？ ①知識・技能 116
44 数学的に考える資質・能力とは？ ②思考力・判断力・表現力等 118

45 数学的に考える資質・能力とは？ ③学びに向かう力，人間性等 120
46 「深い学び」ってどのようにとらえればいいの？ 122

各領域の指導編

47 A「数と計算」領域の指導のポイントは？① 124
48 A「数と計算」領域の指導のポイントは？② 126
49 A「数と計算」領域の指導のポイントは？③ 128
50 B「図形」領域の指導のポイントは？① 130
51 B「図形」領域の指導のポイントは？② 132
52 C「測定」領域の指導のポイントは？① 134
53 C「測定」領域の指導のポイントは？② 136
54 C「変化と関係」領域の指導のポイントは？ 138
55 D「データの活用」領域の指導のポイントは？ 140

おわりに 142

Chapter 1

子どもの素直さを大事にした
資質・能力を育む
算数授業づくりの
基礎・基本

1 算数の授業は問題を解決する授業だけど…

1．ある算数授業の導入場面から

$$87 + \square + 98 =$$

「今日はたし算の計算練習をします」と言って，「この式の□の中に数字を書き入れて，なるべく簡単に計算できる問題にしましょう」と投げかけました。そして，「自分ならこの数にする」と思う数字をノートに書いて起立するように促すと，多少の時間差はあるもののどの子どもも数字を書き入れて立ちました。そこで，ノートに書いた自分の数を一斉に言わせてみました。見事にバラバラで声は揃いません。すると，子どもたちは隣の子のノートの数字を見たり，小声で話したりし始めました。

私が行った3年生の授業の導入場面の一コマです。子どもは，自分の考えに基づいて「これがいい」と思って数を決めました。ところが，自分の決めた数が友達と違うという事実に出くわしたことで，「友達は一体どんな数にしたの？」という興味が湧いたのです。このようにして抱いた興味は子どもの体を勝手に突き動かします。それが隣の子どものノートを見たり，小声で話したりするという行為です。

もし，自分で数を決めていなかったらこのような行為は生じていたでしょうか。たとえ自分で数を決めていたとしても，それを表出していなかったならば，このような行為は生じていなかったのではないでしょうか。

この導入では，完成した問題場面を与えていません。子どもが問題場面をつくるように仕組んでいます。子どもが操作できる場を用意し，操作する対象に対する個の考えが反映されるようにしています。ただし，その操作は何をしてもよいというわけではなく，共通の視点として「なるべく簡単に計算できる問題」という枠組みを与えています。制限がある中での操作だからこ

そ，自分とは異なる操作が気になるのです。つまり，ここまでの授業展開は次のように推移しています。

操作できる問題場面設定
　※子どもが操作できる範囲に制限を加えた同じ枠組みの中で，子ども一人ひとりが自分自身で判断することから導入する。

全ての子どもが自分なりの問題場面を完成
　※子どもは自分なりの考えで数を決めて問題を作る。
　※全員に決めさせることで，学習へ向かおうとする子ども一人ひとりの姿勢を揃えるとともに，問題場面に対する自分自身の素朴な考えを意識化（メタ認知）させる。

全員が一斉に表現
　※挙手指名ではなく，一斉に表現させる。
　（挙手指名ではタイムラグがあり，自他の違いに関する意識が弱まる。また，中には自分の考えを誤魔化す子もいるので，自分の判断に対する自覚を促すためでもある。）

違いの意識化と興味・関心の喚起
　※教室内のざわつきや隣の子どものノートを見ようとする姿を肯定的に認め，設定した数（違い）に対する関心を強化する。

この中で特に大事なことは，全ての子どもが二度「出力」していることです。

【出力①】
　自分なりの判断で数を決め，文字言語である数字をノートに書く。
【出力②】
　自分が決めた数を全体の場で音声言語である数詞で発する。

つまり、ここで言う「出力」とは自分の中にあった考えを「外化」することを意味します。「外化」は認知科学用語で、自分の考えを他者に説明するために文章に書いて示したり、図を作ったりして理解の過程を見えるようにすることを意味します。簡単に言うと、とりあえず「脳から出してみる」ということです。これによってメタ認知が促進されます。
　子どもは二度の「出力」を通して「外化」した結果、「友達はどんな数にしたのかな？」という数そのものに対する興味を自動的に抱いたわけです。

2．まどろっこしい導入の中にこそ算数の授業の本質がある

　この授業は、教科書的に言うと、例えば、「87＋98を<u>くふうして計算しましょう</u>」とか「87＋98を<u>暗算しましょう</u>」という場面です。シンプルな投げかけで始められる単純な問題です。
　それを、私は「87＋□＋98」という3口の式の形で問題を与え、さらに□の中の数を子どもに決めさせることから始めました。「何とまどろっこしい導入だ」と思われるでしょう。しかし、私はこのまどろっこしさの中にこそ子どもが算数の授業で学ぶべき価値があるととらえています。
　その価値は以下の4点です。

①算数の言葉を実感的に理解する

　まず、「くふうして計算をしよう」や「暗算しよう」という言葉ですが、これらの言葉は、そのまま与えても子どもには教師の意図が通じません。教師は教材を分析した上で授業に臨んでいますし、自分自身が算数を学習した経験があります。だから、本時で「くふうして計算する」という意味が「100を利用して計算すること」だとわかっています。ところが、突然「くふうする」という言葉に出会った子どもは戸惑います。なぜなら「くふうする」という言葉が抽象的で、その場面で何をすることなのかわからないからです。
　つまり、授業で扱いたいことを大人の言葉で子どもに与えても、子どもに伝わるとは限らないということです。何をすればよいのかわからない子ども

は，当然，その時点から受け身になってしまいます。だから主体的に参加することができませんし，自信を持って意見も言えません。

　大人の言葉を押しつける教師は，そんな子どもの数少ない反応の中から自分が期待している反応を取り上げて授業を進めているかもしれません。健気に素直に考えようとしている子どもが置いてきぼりにあうようなことだって起きかねないわけです。

　子どもの学びは，子どもが素直に問題と向き合えるような出会いを保障しなければ成立しません。そして，自分の素直な考えをもとに授業で学んだ結果，「100を利用して計算すること」をよさとして感得し，そのことが「くふうして計算する」と表現されるということを理解するわけです。

　つまり，この導入でねらう価値の一つは，算数における「くふうする」という概念形成それ自体なのです。

②主体的に取り組む態度を育てる

　本実践では学ぶ対象となる問題場面をあえて未完成の形で示し，それを個々の子どもに完成させるようにしています。このときの子どもは，自分が簡単に計算できると思う数を入れるのですから抵抗感も大きくないですし，やるべきことが具体的ではっきりわかります。「くふうして計算しよう」という抽象的な投げかけの真逆の姿だと言えます。

　さらに，自分が決めた数の問題だから，その数には子どもの思いが入っています。その子のこだわりと言ってもよいでしょう。だからこそ友達が作った問題と自分の問題の数の違いに興味を持つのです。

　このように子どもが主体的に問題に立ち向かう，すなわち学習に対して主体的に取り組む態度を育成することも算数授業で大事にしたい価値の一つです。新学習指導要領で言われる主体的な学びは，教師に「させられる学び」ではなく，子どもが自ずと主体的になってくるようにすることだと意識しておきたいものです。

③全員の「出力」を通して全員参加の意識を育てる

　授業というものは，一部の子どもの考えだけが取り上げられて進んでいい

はずがありません。我々が育てているのは全ての子どもです。だから全員の子どもの「出力」を保障し，確実に外化させることが大事になります。そして，それらをもとに展開していくのが授業だということになります。

「87＋□＋98」の計算の答えは，□に入れた数によって変わります。しかし，「簡単に計算できる」という視点から□の中の数や計算を見つめることで，本時で扱う「くふう」の意味に近づいていきます。

事実，この後，授業は次のように展開しました。

子どもがノートに書いていた数を発表させ，黒板上に式を書きました。

```
①87＋13＋98＝
②87＋ 2 ＋98＝
③87＋ 5 ＋98＝
④87＋15＋98＝
⑤87＋ 1 ＋98＝
⑥87＋ 0 ＋98＝
```

「なるほど！」「アーッ！」「エッ？」「それ，あり？」――子どもは，友達の数に対して無意識に反応します。これらの反応は，第一印象として個々の子どもがそれぞれの数をどのように受け止めたのかという姿を現しています。「なるべく簡単に計算できる」という条件の意味を考えているわけです。

特に⑤の「1」や⑥の「0」に対しては，それ以外の子どもたちは自分と違う「簡単」という意味を見出して意外感を抱きました。中には「0を入れるなんてずるい！」という声まで現れました。

そこで，それぞれ実際に計算させてみます。すると，感想が変わる子どもが現れました。①や②は確かに簡単だと言います。

```
① (87＋13) ＋98＝198
②87＋ (2 ＋98) ＝187
```

その理由は，「どちらも100が作れるから計算が簡単」ということです。
　③や④に対しては，最初は「どうして？」と思っていた子どもも，実際に計算してみて「簡単」の意味を理解しました。

---

③87 + 5 +98＝（87＋3）＋（2 +98)
　　　　　　　＝190
④87 + 15 +98＝（87＋13）＋（2 +98)
　　　　　　　＝100＋100
　　　　　　　＝200

　ところが，⑤と⑥に対して「簡単じゃない」という子どもがいます。□の中に入れた数そのものは「1」や「0」で簡単ですが，「繰り上がりがあって計算が面倒だ」と言うのです。つまり，実際に計算するという「出力」をしたことによって，問題解決に対する見通しが変わったのです。

---

⑤87＋1＋98＝88＋98
⑥87＋0＋98＝87＋98

　すると，そんな言葉に対して，18人の子どもは，「それでも，簡単に計算できる」と言います。その子どもにヒントを言わせてみると，一言「100」と言いました。「面倒だ」と言っていた子どもたちに「100」の意味を解釈させると，「なるほど！」「そうか！」という声が上がりました。友達のヒントをもとに自分なりに計算方法を見つけたのです。
　改めてノート上で⑤と⑥を計算させ，答えを発表させました。⑤は「186」で，⑥は「185」だと言います。そこで，「100」というヒントの意味を計算の仕方の中で説明させました。ところが1通りではありません。例えば，⑥の場合には次頁のような2通りの説明がありました。

```
ア  87＋98＝85＋（2＋98）
         ＝85＋100
         ＝185
イ  87＋98＝87＋（100－2）
         ＝（87＋100）－2
         ＝187－2
         ＝185
```

　どちらも「100」を使って計算しています。子どもは②のアイデアと関連づけて計算しています。
　すると，「ちょっと面倒だけど別の100もある」という子どもも現れました。つまり，①のアイデアも使えるというのです。

```
ウ  87＋98＝（87＋13）＋85
         ＝100＋85
         ＝185
```

　ところで，この「100」というアイデアが生まれたのは決して偶然のことではありません。つまり，その18人だったから現れた反応なのではなく，この授業展開だから必然的に生まれたアイデアです。①や②で「100をつくれば簡単に計算できる」ということを実感的に意識できた子どもならば必ず思いつきます。だから理想を言えば，全員の子どもが一斉にそのアイデアに気づくことが望ましいのかもしれません。しかし，残念ながら現実の授業でそれはあり得ません。子どもには個人差があり，気づくタイミングが一致しないからです。だからこそ18人以外の子どもにヒントを与え，気づきを追体験として体験させるようにしたのです。気づいた子どもが全て説明しても，話を聞くだけの子どもは「100」の価値を実感することができません。ヒント

をもとに解釈し,「アッ,そうか!」と感じる場面を保障することに大事な意味があるということです。

子どもは自らが「出力」することを通して新たな概念や方法論を学ぶ存在です。だからこそ,授業では自分も必ず「出力」するんだということを一人ひとりの子どもに意識づけていくことが大事になります。全員参加の算数授業の実現も大事にしたい価値の一つなのです。

そして,このような算数の目標に向かって行われる子ども同士の学び合いが対話的な学びの具体だと考えます。

④子どもに自分の問題意識を乗り越えさせる

「87＋98は面倒だ」,これは友達が□の中に入れた数を吟味していく中で子ども自身から生まれた問題意識です。決して教師が与えた問題ではありません。

一方,教科書のように「87＋98をくふうして計算しよう」と教師から子どもに投げかけたとしても,そのままでは子ども自身の問題とはなりません。「くふうする」という意味もわかりませんし,問題そのものに対する興味もないからです。つまり,教師が示した問題は,与えた段階では子どもの外にある存在であり,子どもの中には入り込んでいないのです。

本実践で紹介した一見まどろっこしい導入は,子どもの中に自分自身の問題を生み出しました。そして,その問題に立ち向かう姿も引き出したのです。結果的に,自分にとっての問題を自分たちの力で乗り越える体験を必然的に成立させました。これこそ子どもにとっての問題解決です。つまり,このような子どもにとっての問題解決を体験させること自体が大事な価値なのです。

以上の4つの価値は,教科書を表面的になぞるようにシンプルに展開した授業では決して体験できません。あえて遠回りすることで,学びに向かう主体性や態度,出力する体験や出力したものを使う体験,そして自分にとっての本当の問題を発見しそれを解決する心地よさを味わわせることができたと言えます。

3．後半の授業の展開から見えてくること

　改めて後半の授業展開を整理します。
　まず，友達が決めた数に対して「なるべく簡単に計算できる問題」という観点から複数の数値を比較検討し，「これなら簡単」「これは簡単ではない」という判断を下しています。これは，友達が作った問題に対する解決の見通しを自分なりに決めている場面です。ここでの子どもは，つぶやきや感動詞という形で「出力」しています。
　次の計算する場面では，子どもは自分が抱いた見通しを吟味しています。計算という「出力」をノートに書き表していく中で，自分の見通しの妥当性を検討しています。だから，「87＋98は面倒だ」という当初のイメージとは異なる印象を持つ子どもが現れました。実は，これこそが子どもにとっての本当の問題なのです。
　ところが，この問題解決を支える発想はこれまでの授業展開の中に埋め込まれています。友達が作った問題を計算したという事実です。だからこそ，⑤や⑥の計算の場面で18人の子どもが閃きました。そのアイデアをヒントという形で小出しに与え，「100」という意味を個々に解釈させました。個々に決めた「100」の使い方には違いがありましたが，子どもはそれぞれの考えを通して「100」のよさを味わうことになりました。

　見通しの吟味
　　※自分ができそうかどうか自分で判断することを大事にし，子どもが自然な形で問題解決の見通しを意識できる場を設定する。そして，素直な反応であるつぶやき等の「出力」を価値づける。

　見通しの確かめと新たな問題の意識化
　　※自分自身の見通しを確かめる意識をもとに問題に立ち向かえる場とする。
　　※「出力」することで，子どものメタ認知的思考を促し，子どもにとっての新たな問題を明確化する。

> **新たな問題解決**
> ※新たに子ども自らにとっての問題発見を促すとともに，その問題に対して偶然ではなく必然的に解決する方略を子どもが生み出せるような授業の構成（授業展開の構造化）。
> ※ヒントをもとに全員の子どもに気づきを追体験させるようにする。

2 算数の授業とは何か

　ここまで一つの授業例を紹介してきました。それは，「算数の授業とは何か」ということ改めて考えておきたいと思ったからです。「算数の授業とは何か」，この問いに対する答えは，多くの方は当たり前すぎて無意識化されていると思います。だからこそ，逆に一致していない可能性が高いのです。
　本書では，この後で算数の授業づくりで大事にしていくべきことを具体的に紹介していきますが，「算数の授業とは何か」というとらえがぶれていると伝わりません。つまり，具体的な授業展開を一つの例として示すことを通して，算数観，算数授業観を確認したいと考えました。
　ただ，「算数の授業とは何か」というこの問い自体が曖昧ですから以下のように細分化して算数観，算数授業観を整理したいと思います。

1．算数の授業って何を教えるの？

　算数の授業は，当然，子どもに算数を教える営みを意味します。では，算数を教えるとは何を教えることをさしているのでしょうか。
　算数の用語（数学用語）を教える，計算の仕方を教える，図形の名前を教える……，このような大まかなとらえは，誰でもすぐに思いつきます。算数の学習内容の詳細は学習指導要領を見ればよくわかります。算数科の学習指導要領は他教科のそれとは異なり，各学年で指導する内容が領域ごとに詳しく示されています。現在，日本の算数の教科書は6社から出されていますが，

これらは全て学習指導要領に示された内容を具体化しているわけです。
　ところで，教科書の記述の中で，「まとめ」として文字や図で示されているもののほとんどは知識・理解に関する内容か技能に関する内容です。しかし，当たり前のことですが，算数で教えているのは知識，技能ばかりではありません。例えば，算数そのものに対する関心を育むことや，筋道立てて考えたり数学的な考えを活用して新たな問題に取り組んだりできるようになることが大切なのです。
　特に算数に対する関心・意欲・態度を育てるということを，我々教師はこれからますます意識する必要があります。学力に関する各種世界調査の結果を見ると，日本は今でも知識や技能の定着という点では世界トップレベルですが，算数数学に対する関心・意欲・態度は世界で最も低いレベルの国の一つです。その原因は，当然，日頃から学校教育で行われている算数授業にあることは言うまでもありません。つまり，算数授業で教えることとして子どもの情意面をもっと意識した授業改善が必要だということです。それは，新学習指導要領で「学びに向かう力」が強調されていることからも明らかです。
　また，数学的な考え方も算数授業で教えるべき大事な内容です。ところが，数学的な考え方の指導は知識や技能とは異なり，教師から子どもへ一方的に教え込むことができません。もし仮に，「こういうときはこういうふうに考える」と教えたとしても，それはあくまで手続き的知識の一つに過ぎません。つまり，問題の解法を覚えるような知識となってしまい，他の場面に活用できる思考様式としての数学的な考え方や数学そのものの考え方は決して身につかないのです。
　数学的な考え方とこの解法としての手続き的な知識との根本的な違いは，未知の問題に対峙したときにそれに向き合う姿の違いとして顕在化します。手続き的な知識を持っているだけの子どもは，未知の問題に出会うと，「こんな問題はまだ習っていません。だから，わかりません。先生，早く解き方を教えてください！」という発想になります。これは，新しい手続き的知識を欲する受け身の学習者の姿です。

一方，数学的な考え方を身につけている子どもは，「こんな問題には初めて出会ったな。どのように考えようかな。まず，～してみよう。もし，それでダメだったら～してみようか……」と自らの判断で主体的に問題に向き合います。さらに言えば，教師が答えを説明しようとすると，「先生，答えや方法はまだ言わないでください！　自分で見つけたいから」という粘り強くあきらめずに問題と向き合う姿となって現れます。

　この「あきらめない」という姿勢は，子どもの関心・意欲・態度に支えられています。数学的な考え方は子ども自身の判断で使用場面や使用方法を決めて試せるものであると同時に，その育成は子どもの算数に対する情意面と関係が深いものだということがわかります。いずれにせよ，あきらめずに問題に立ち向かっていく子どもの姿は，我々教師が算数の授業で育てるべき具体的な子ども像だと言えます。

2．算数で「できる」「わかる」「知っている」はどう違うの？

　算数の学習場面では，「わかる」「できる」「知っている」という状態が混在しています。それは，「算数ができる子ども」「算数がわかっている子ども」「算数を知っている子ども」というふうに子どもに置き換えて表現してみると，それぞれ言葉が異なるように意味合いが違います。この中で，一番表面的で浅い理解を表したものは「算数を知っている子ども」です。

　例えば，低学年でも偶数や奇数という言葉を使う子どもがいます。多くの場合，このような子どもは偶数，奇数という言葉だけを知っている（知識）だけの状態です。だから，「1.2」という小数を見ても，「これは偶数だ」と言うのです。「偶数」という言葉に出会った子どもが自分なりにイメージしたことを結びつけただけの曖昧な状態なので，このような誤った反応が現れます。こういう傾向は，塾などに行って先取り知識を持っている子どもに多く見られます。特に質(たち)が悪いのは，その状態でその子ども自身は「自分はわかっている」と思い込んでいるという点です。このような曖昧な子どもの理解を正しい理解へと促すのが学校教育における算数授業の役割の一つだと言

えます。

　「1.2」は小数です。偶数は整数を分類したものですから，当然「1.2」は偶数ではありません。小数第一位の「2」だけを見て偶数ととらえてしまっている子どもは，偶数を理解できていないということになります。一方，「1.2は小数だから偶数じゃないよ」と言える子どもは「算数がわかっている子ども」です。学校の算数授業では，このような「わかっている子ども」を育てています。

　余談ですが，{0，2，4，6，8，10…}という集合Ⓐと{2，4，6，8，10…}という集合Ⓑの違いは「0」の有無です。偶数はどちらでしょうか。

　当然，集合Ⓐが偶数です。では集合Ⓑは何でしょうか。こちらは2の倍数です。5年生で倍数の学習をした子どもでも，偶数と2の倍数が同じだと思っている子どもはたくさんいます。このような正確な判断ができることが「算数がわかっている子ども」の姿であるということを改めて確認しておきます。

　ところで，「算数ができる子ども」とはどんな子どもでしょうか。一般的には，例えば算数のペーパーテストで100点を取った子どもを「算数ができる子ども」だと言ったりします。この場合は，テストの点数として表面化した学びの成果に対して「できる」と表現しています。つまり，「できる」と言ったとき，必ず顕在化したものをもとにして判断しているのです。そのように考えると，算数の学習場面で「できる」と見られるものは，計算ができる，作図ができる，図に表すことができる，表に整理することができる，グラフをかくことができる……など，子どもが身につけているいわゆる技能に関することが対象となります。技能に関することは結果が形となって現れるので，例えば，計算であれば答えを正しく求められるとか，正三角形がかける，あるいは表やグラフに整理できるというように，白黒がはっきりします。やはり，算数の授業では，子どもに技能を身につけさせ，どの子も「できる」ようにしなければなりません。

しかし，技能をしっかり身につけさせるためには，やはり，算数が「わかる」ことが大事です。「知っている」だけの子どもは，算数が正しく「できる」ようにはならないですし，たとえ「できた」としても，本質がわかっていなければ応用できません。新学習指導要領では「深い学び」ということが重要視されています。ただできればよいのではなく，どうしてそんなことができるのかという原理や性質の理解や，その技能がどのようなことに活用できるのかという関連性の理解が要求されています。つまり，文部科学省もただ「できる」だけの状態では不十分だと考えています。ドリルばかりやって定着を図るような授業は求められていません。このことを肝に銘じて，日々の算数授業をつくっていかなければなりません。

3．算数の「楽しさ」って何？

　算数で教えることの中で大事にしたいものに，算数に対する関心・意欲・態度，すなわち「学びに向かう力」があります。これは平たく言えば，子どもが「算数はおもしろい」「算数は楽しい」と感じることです。だからノートがきれいに書けているとか，発言が多い，授業中の姿勢がよい……というようなことだけでは評価できないわけです。
　また，計算が速くできるとか，テストの点数がよいことと算数が楽しいこととは一致しません。それは，前述の学力調査の結果からも明らかです。テストができても「算数が好きじゃない」「算数が楽しいとは思わない」子どもがたくさんいるのです。当然のことながら，計算が正しく速くできるのに越したことはないですし，テストの点数もよい方がいいに決まっています。しかし「テストの点数がよい子ども≠算数が楽しい」という事実から，算数の楽しさに向き合っていく必要があります。
　実は，算数の楽しさは結果に至るまでの途中の過程に存在します。子どもが，「アレッ，今までの問題と違う？」「この問題はどのように考えればいいのかな？」「今までの方法のどれが使えるかな？」……といった自分自身の問題意識を持ち，それに対して主体的に立ち向かっていったときに初めて味

わえる感情が算数の楽しさです。そこには「こうやってみよう」という思いに支えられた試行錯誤が必要です。あるいは，直感的に閃いた考えを試してみるということもあるでしょう。そして，苦心して問題が解けた子どもは，単なる達成感やスッキリ感とは少し異なる快感を味わいます。この快感は，脳科学で言われるいわゆる「アハ体験」です。見えなかったものが見えるようになる心地よさは脳を興奮させます。これが算数の楽しさなのです。

また，自分自身の力で解決を見出しているので，問題を発展させて新たに追求したい課題を見つける子どももいますし，もとの問題場面をアレンジした場合について実際に考えてみようとする子どももいます。このような姿は算数の楽しさに刺激を受けて生まれるのです。

だから，算数に対する子どもの関心・意欲・態度は，算数の学びの全ての過程で子どもを観ていかなければなりません。それは，例えば，次のような視点から子どもを観るということを意味します。

---

①子どもが学習に主体的に取り組んでいるか
　・子どもの素直さが生きているか
　・直感（感性）を働かせているか
　・既習を活かそうとしているか
　・「自分なら……」という立場を持つことができているか
②子どもが自分なりの問題を発見しようとしているか
　・疑問に感じることをごまかしていないか
　・教師の指示をじっと待つ受け身になっていないか
③子どもが出力しようとしているか
　・きまりの存在を意識し，見つけようとしているか
　・面倒な方法よりも楽ができる方法を考えようとしているか
　・多様な視点，多様な道具，方法で表現しようとしているか
④子どもが友達の出力を解釈しようとしているか
　・友達の考えの意図，視点，価値を読み取ろうとしているか

・異なる考えを融合しようとしているか
・異なる考えの中に共通することを見出そうとしているか
⑤子どもが新たな問題の存在を意識し，問題を発展させようとしているか
・いつでも，どんな場面でも使えるのか確かめようとしているか
・問題をさらに発展・深化させた場合を追究しようとしているか

　①～⑤の標記は「子どもが……」という書き出しで統一しています。この「子ども」は全員の子ども，つまり一人ひとりの学んでいる姿に着目していくということを意味しています。
　また，算数の楽しさは個々人が感じるものですが，算数を学ぶ授業という空間にはたくさんの子ども，即ち仲間がいます。仲間が気づいたアイデアに対して「なるほど！」と感心したり，自分なりにアレンジして新たな発想を生み出したりするのも楽しいものです。つまり，算数の授業が楽しいから算数の楽しさを味わえるわけです。友達同士が関わり合い，互いに刺激を与え合う空間としての算数授業が算数の楽しさを支えています。

4．問題解決学習って問題を解けばいいの？

　算数の授業は問題解決学習を基本としています。では，例えば，特定の問題の解き方を教えて，いろいろなタイプの類題を解くような授業も問題解決学習なのでしょうか。そんな愚問を訊ねられるような機会はないと思いますが，当然，その答えは「否」です。確かに問題は解いていますが，問題解決という意味が違います。
　問題解決学習では，問題を解くことを通して数学的な知識や技能を獲得するのはもちろんのこと，数学的な考え方のよさを感得したり，数学的活動や算数の楽しさを味わったりすること等を目的としています。だから，問題解決学習はこれらの算数の目的を達成するための手段であり，特定の問題が解けるようになることだけを目的としていません。

算数の学習は，既習を活用して新たな問題を自らの判断で解決していく「創造的な学習」です。しかし，子どもの中には，算数を「記憶する学習」と勘違いしている子どもがいます。黒板に書かれたことを正確に丁寧に写すノート作りをしているようなタイプの子どもです。このような算数観の場合，あらゆるタイプの問題の解き方を記憶しようとします。「○○算」の解き方は……というように算数の問題を分類しようとします。だから，記憶していない未知の問題と出会った途端，戸惑います。
　算数で問題解決学習を大事にしているのは，このような未知の問題と出会った場合に，真正面から対峙できる子どもを育てたいからです。その力は「生きる力」に直結する力でもあります。

5．問題解決型授業と問題解決の授業って同じもの？

　算数の授業は問題解決を基本としていますが，問題解決型授業と問題解決の授業という2つの言葉が存在します。問題解決型授業は，地方によって多少の表現の違いはありますが，日本中で見られる画一的な授業形式で1時間の算数の授業を以下のような段階に分けて行う授業を指します。

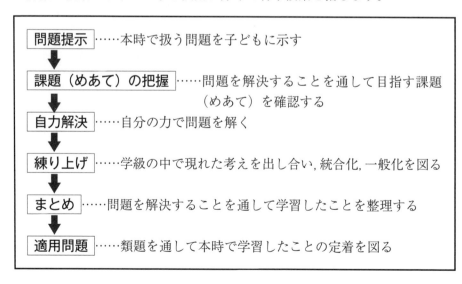

ところで，平成28年4月18日，教育課程部会算数・数学ワーキンググループにおいて，小学校における「資質・能力の育成のために重視すべき学習過程の例」として以下のようなモデルが示されました。

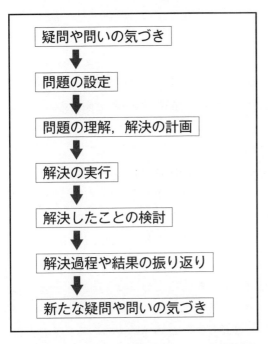

　これは，新学習指導要領における算数の授業モデルととらえてよいものです。興味深いのは，前頁に示した問題解決型授業との表現の違いです。
　問題解決型授業で示した各項目は，一般的に「段階」と呼ばれます。つまり，授業を「段階」という分節に区分けし，教師が教師目線で意図的にそれらを授業の時系列に沿って設定していくのです。だから，これらの順序が入れ替わることはありません。教師が授業を進める上での段取りと言っても過言ではありません。
　それに対して，「資質・能力の育成のために重視すべき学習過程の例」に示された各項目は，教師が設定する「段階」ではありません。算数の問題解決をしていく子どもが示す学びの「様相」であり，それらが子ども目線で整

理されています。

　これらの違いは，そこで用いられている「問題」という言葉の意味の違いとして顕著に表れています。

　問題解決型授業の最初の段階である「問題提示」の「問題」は，教師が子どもに示すものです。例えば，教科書にある問題を教師が黒板に書いたりするようなものを意味します。

　一方，「資質・能力の育成のために重視すべき学習過程の例」に示された学びの「様相」である「問題の設定」「問題の理解，解決の計画」の「問題」は，教師が与えるものではありません。子ども自身が見出した子ども自身にとっての問題を意味しています。例えばそれは，本著の最初に示した授業実践事例の「87＋98は面倒だ」という子どもの問題意識のようなものです。子ども自らの「疑問や問いの気づき」から生まれてきた本当に解決したい問題こそが，学びの「様相」としての「問題の設定」だということです。

　これらのことから明らかなように，問題解決型学習と問題解決の授業は同じ授業像ではありません。算数授業をとらえる視点自体が異なっています。未知の問題に対して機能する問題解決能力を育むためには，当然，子ども目線から問題解決の過程をとらえていく必要があります。教師目線で算数の問題解決の過程をとらえていると，教師が想定した問題解決の過程を子どもに押しつけてしまう危険性もあります。これでは，問題解決を基本としている意味がなく，理念と矛盾してしまいます。だからこそ，これから始まる新しい教育課程のもとでは，算数の授業は，問題解決型授業ではなく子ども目線でとらえた**問題解決の授業**を追究していくべきであるということを強調しておきます。

Chapter 2
資質・能力を育む算数授業を実現する55の方法

教材研究の仕方編

算数の教材研究はなぜ必要なの？

赤本の通りにやっているのに，うまくいかない……

 赤本（教師用指導書）を見るだけで授業に臨む教師の存在

　授業をするためには事前の教材研究が欠かせません。しかし，授業の開始直前の休み時間に赤本（教師用指導書）を見て，適当に授業をしてみたり，授業のその場で初めて赤本を開いて授業をしたりしている教師が現実に存在すると見聞きしたことがあります。プロ教師としてあるまじき姿であり，本当に悲しいことです。

　その背景には，算数は教える内容がわかりやすいと安易にとらえられていることが考えられます。大人である教師にとって，子どもに教える算数の知識や技能は当然わかっていることです。だから，最悪の場合，それを教え込めばよいとでも思っているのでしょうか……。しかし，算数の授業で目指しているのは知識や技能の獲得だけではありません。また，新学習指導要領で

は知識や技能の獲得も数学的活動を通して得ることが謳われています。教師から子どもに知識や技能を一方的に伝達して，反復練習させるような授業ではいけないのです。こんな授業では，ましてや思考力，判断力，表現力といった資質・能力の育成をねらう算数授業の実現など到底叶うはずがありません。

繰り返しますが，算数の授業で教えているのは知識や技能だけではないのです。だからこそ事前にしっかりと教材研究をして授業に臨まないといけません。教材研究を行ってから授業に臨むことは，プロ教師としての大前提です。

若い先生方の中には，授業に備えた事前の教材研究として赤本をしっかり読みこもうとしている方がいます。赤本には，本時の目標や指導上の留意点，主発問や予想される子どもの反応等が示されていますから，手っ取り早く授業展開のイメージが持ちやすいのでしょう。ただ，現実の授業では，子どもの考えを主体に展開しようとすればするほど赤本通りの流れにはなりません。赤本に書かれている発問は抽象的で，教師の考えを子どもに押しつけるようなものになってしまいがちです。つまり，赤本による教材研究は手っ取り早いけれども，それだけでは不十分だということです。もっと言えば，赤本を読まずに教材研究することの方が大事なのです。

赤本を読まずに教材研究をする

赤本を読まずに教材研究をするということは，赤本を決して読んではいけないという意味ではありません。赤本に書かれている内容を自分自身で見出せるようになることを教材研究の目標とするという意味です。教師自身が赤本に対して受け身でいるのではなく，教材の価値を自分の力で見出し，自分なりの授業展開を構想できるようになることを目指すのが教材研究なのです。特に，赤本が対象としている子ども像と自分のクラスの子どもの実態が一致しているわけではありません。自分のクラスの子どもに力をつけるためにはどうすればいいのか，具体的な子どもの姿をイメージしながら教材研究することで，実態に応じた授業を構想する力が養われます。

教材研究の仕方編

2 算数の教材研究はどうやってすればいいの？

教材研究のもとは学習指導要領と教科書

　教材研究のもとは，ずばり学習指導要領と教科書です。教科書は学習指導要領をもとに編集されています。つまり，学習指導要領の文言をかみ砕き，教材という形で具体化したものが教科書です。学習指導要領は算数で目指すべき目標や指導方法としての算数的活動（数学的活動）を示しています。だから，学校教育ではそれを具現化しなければなりません。学習指導要領と学校現場の授業の橋渡しをしているのが教科書です。

　そこで，実際に教材研究をするときには，学習指導要領と教科書を机上に並べて置き，学習指導要領の文言を見ながらそれに対応する教科書のページを探すことから始めます。そして，学習指導要領の文言の意味を教科書に示された具体的な教材のあり方やその展開の仕方を通して理解するのです。す

ると，教科書の教材設定の意味がわかるようになります。そこで，教科書の教材をもとにして，本時の目標を自分なりになるべく具体的に記述してみます。例えば，3年生の「2桁×1桁のかけ算」の場合をもとにして，抽象的でよくない目標と具体的な目標を示してみます。

> ×……「2桁×1桁の計算のしかたを考えることができる。」
> ○……「23×3の計算の仕方を考えることを通して，23を分解すれば既習のかけ算を使って計算できることに気づくことができる。中でも，23を20と3に分けると，20×3と3×3の和で答えを求めることができ，効率的で簡単であることを理解することができる。」

　目標を具体的にすればするほど，本時の授業で大事にすべきことが自分自身の中ではっきりしてきます。結果的に本時の授業展開の構想にもつながっていくわけです。その後，導入場面での教材の提示の仕方を考えたり，発問を吟味したりするようになります。なお，教材提示や発問については，また別の項目の中で紹介します。ただ，この段階で大事にしたいことは，自分の学級の子どもの実態を考慮して検討することと，子どもの反応をなるべく具体的にイメージすることです。特に，子どもの素直さが発揮され，笑顔が生まれるような授業を構想したいものです。

　ところで，ここまで教材研究ができたところで，赤本の登場です。自分が教材研究したことと赤本に書かれていることを比較してみます。最初は，一致していること，似ていることもあれば，自分が気づいていないこともあるでしょう。このような教材研究を継続することで，徐々にブレが少なくなってきます。教材の価値を見る眼がついてきた証です。ただし，完全に一致することがゴールではありません。赤本は一般論であり，自分の学級に合っているとは限らないからです。自分自身で教材研究をする力がついてくると，翌日の算数授業で見られる子どもの反応が楽しみになってきます。

教材研究の仕方編

3 教科書を使って教材研究するときに意識すべきことは？

教師が教えることは何か，子どもに気づかせることは何か

　前項では目標分析や授業展開構想に関する教材研究の仕方について述べました。それらと同時に，教科書を見て分析しなければならない大事なことがあります。それは，教科書に記述されている内容を，「子どもに気づかせること」と「教師が子どもに教えること」の2つに分類することです。算数の学習内容は，子ども自身が気づいたり見つけたりすることに意味があるものと，決して子ども自身では気づけないことだけれども確実に教えなければならないことの2つに分かれるからです。

　第3学年で扱われる三角形を弁別する学習場面を例として考えてみましょう。子どもは，三角形を観察している中で，3つの辺の長さが全て同じ三角形や2つの辺の長さが等しい三角形の存在に気づくことができます。そして

見つけた視点をもとに三角形を仲間分けすることもできます。このような子どもの気づきは積極的に子どもから引き出したいものです。子どもが自らの見方で図形の構成要素の特徴を見出す体験に算数としての学びの価値があるからです。さらに、自ら見出した図形の特徴を他の三角形に活用することで、図形の概念形成が明確になるという効果も上がります。このとき、三角形の角の大きさに目をつけて、3つとも角の大きさが同じ三角形、2つの角の大きさが同じ三角形という見方をする子どもがいるかもしれません。あるいは、半分に折ればぴったり重なる三角形という線対称の見方で三角形をとらえる子どももいるかもしれません。このような三角形のとらえ方は素直な子どもの気づきに寄り添っていると現れてくるもので、どれも数学的に価値がある見方です。

　ところが、正三角形（3つの辺の長さが全て等しい三角形）、二等辺三角形（2つの辺の長さが等しい三角形）という三角形の名称やそれぞれの定義は、子どもが発見できることではありません。図形の名前は数学用語であり、図形の定義も数学の定義なので勝手に発明することができないわけです。先人から伝わってきた文化とも言えるこれらの用語は、子どもに考えさせることではなく、教師が確実に教えるべきことなのです。

　このように、教科書の記述を2つに分類することで、子どもに考えさせる活動と教師が教える内容と場面がイメージできるようになります。以下、大まかに整理してみます。

【子どもに気づかせること（子どもから引き出すこと）】
　　○図形の概念形成に関わる仲間分けの視点（構成要素のとらえ）
　　○計算の原理や方法
　　○規則性（きまり）の存在とその内容

【教師が子どもに教えること（考えさせるのではなく伝達すること）】
　　●数学用語，単位，数字，数詞
　　●定義，公式
　　●数学的な表現形式（図，表，グラフ，数直線等）

教材研究の仕方編

4 教科書を使った教材研究を深める方法は？

 6社の算数教科書を見比べてみる

　ここでは教科書を使った教材研究を深める方法についてもう少し掘り下げてみます。

　日本の算数の教科書は6社から出版されています。しかし，その事実を知らない若い先生方が案外多く存在します。そういう先生方は，自分が学校で使っている算数の教科書が唯一の算数教科書と思い，それを教えるものだと信じ込んでいて，何の疑いも感じていません。

　前述しましたように，教科書は学習指導要領の文言を具体化したものです。ところが，面白いことに同じ学習指導要領の文言に対応する6社の教科書に書かれている内容は一致しません。教材の数値も形も違えば，見せ方も違います。同じ単元でも紙面として割いている頁数も全く異なります。だから，

6社の教科書を比較することで次のようなことが見えてきます。

①共通する教材（数値，図形，問題場面）は汎用性が高い
②紙面を割いている頁数が共通して多い教材は大事にしなければならない指導内容である
③逆に，1社の教科書だけで扱われている教材は，特殊な教材であったり，トピック教材として載せられたものである
④自分の学級の子どもの実態に応じた教材であるかどうか

　また，各社の教材として用いられている数値や図形を分析してみることも大事です。なぜ，その数値が使われているのかという理由を自分なりに考えてみましょう。そこには必ず各教科書なりの理由があります。他の教科書と比較することで，その数値だからこその効果というものも見えてきます。いずれにしても，日常的に6社の教科書を比較してみる習慣を身につけることが，教材研究を深める上で効果的な方法であることは間違いありません。なお，教科書の代金は1冊約300円（上下巻タイプ）〜600円（学年1冊タイプ）程度です。教科書が変わるときにセットで買い揃えたいものです。

教科書の問題を実際に自分で解いてみる

　教科書を用いた教材研究としてもう一つ大事にしたいことがあります。それは，教科書の問題を教師自身が実際に解き，子どもと同じノートに書いてみるということです。適用問題まで全て解いてみると，どうしてその問題が設定されているのかという理由がはっきりわかります。また，自分がノートに書いてみることで，問題を解き，それをノートに書くのにかかる時間がわかります。特に自分の学級にいる具体的な子どもの姿を想定し，自分自身がかかった時間をもとに，授業中の活動場面として設定する時間配分を検討するようにします。同時に，自分が書いたノートのレイアウトから子どもに対するノート指導の具体的な姿や目標を明確にすることができます。

教材研究の仕方編

5 教材研究をする範囲は？

教師の授業力量の成長と教材研究の範囲

　まず，自分が学生時代に教育実習で授業をしたときのことを思い出してください。学生にとっては1時間の授業の学習指導案を作ることだけでも大変です。教師になっている人なら全員体験しているので，思い当たることがあると思います。指定された教科書の範囲を自分なりに教材研究して，授業の展開案を考えたことでしょう。多くの学生は教科書の指導書に書かれた指導案をなぞるだけで済んでしまいがちです。

　では，今の皆さんはどうでしょうか？　指導書に書かれている通りに授業をしたりすることはないでしょう。これまでの経験を通して，授業が指導書通りには流れないということを実感しているでしょうし，自分自身の教材観や算数授業観も持たれていることでしょう。そして何よりも小学生の子ども

の発達段階や具体的な子どもの実態を実感的に理解できていますから，指導書のまま授業をするなんてあり得ないと思われていることでしょう。そして，教材研究をする場面でも，1時間の授業だけを考えて教材研究はしていないでしょう。実は，授業力量が成長するにつれて，教材研究の範囲も広がります。それは，次のような広がりです。

> ①本時1時間分だけの教材研究──(教育実習生)
> ②前時の授業と本時の授業の2時間続きでの教材研究
> ③単元の導入から本時までのつながりを意識した数時間の教材研究
> ④本時を含む単元全体の教材研究
> ⑤単元間のつながりを意識して複数の単元全体の教材研究
> ⑥1年生から6年生までの全体のつながりを考慮した教材研究
> ⑦小学校算数と中学校数学(高校数学)のつながりを考慮した教材研究──(ベテラン)

 単元間のつながりを理解する

　指導書には，単元の位置づけとして1年生から6年生の内容までの系統性が必ず示されています。研究授業等で書かれた算数の学習指導案の中にもよく示されていますが，ほとんどの人は指導書を写しているだけというのが実状ではないでしょうか。しかし，日々算数の授業を行っている我々教師は，自分自身の中で教材間の関係を理解しておく必要があります。

　本単元の前提となっていることは何か，つまり，1年生から今まで何を学習してきたから本単元が設定されているのかを理解しないで，本時の授業を実践することはできません。また，本時の授業が今後の学習にどのような影響を与えるのか，つまり，本単元をもとにして次にどのようなことが学習内容となるのかということを理解しておくことも必要です。指導書を見ずとも教材の系統性が理解できていることは，教材研究で大事にしたい基本です。

教科書の使い方編

6 算数の教科書の記述はどのように読み取ればいいの？

 算数の教科書は読み物ではない

　算数の授業は，既に述べてきたように問題解決を基本としています。特に教科書は，問題解決型授業の展開ができるように紙面がレイアウトされています。その典型は，「子どもに与える問題⇒主な発問⇒予想される子どもの反応⇒最後のまとめ⇒適用問題」という順で示されているものです。Chapter1で述べたように，これをそのままなぞっても期待する問題解決の力が育つというわけではありません。ましてや，教科書の記述をそのまま子どもに読ませて授業をすることなどありえません。なぜなら，例えば予想される子どもの反応例は，学級の子どもが実際に生み出すことに価値があるのであって，情報として知ることに意味はないからです。つまり，第一に確認していきたいことは，算数の教科書は読み物ではないということです。授業

展開の理想的なモデルを示しているのが教科書だととらえるとよいでしょう。

　また，教科書に記述されている文章表現は，読んだ人によって解釈に違いが現れないように書かれています。しかし，だからと言って，そのまま授業で子どもに対する発問として使えばよいというわけではありません。例えば「計算のしかたを考えましょう」という表現はどの教科書でも書かれていますが，子どもに「計算のしかたを考えましょう」と直接投げかけても通じません。特に１年生の子どもには「計算のしかた」という日本語の意味がわかりません。１年生の担任をしたことのある方ならば経験があると思います。その場面は確かに「計算のしかたを考える」場面なので，教科書には「計算のしかたを考えましょう」と表現されているのですが，一般化を急いだ表現になっています。だから，そのままでは子どもに通じないので，教師は子どもに与える発問を工夫して表現を変える必要があるのです。なお，ここでいう工夫とは次のようなことを意味します。

①一般的な表現（大人の言葉）を当該学年（自分の学級）の子どもに通じる言葉に翻訳する
②具体的な問題場面の文脈に合う表現に変える
　⇒考え方を一気に一般化することを目指した表現を避け，目の前にある具体的な問題場面の解決に限定した表現を用意します。子どもは問題場面に備わっている具体的な文脈を拠りどころとして考えることができます。
③操作等の活動と併せた表現とすることで，何をすればよいのかということを子どもが具体的にイメージできるようにする
　⇒子どもは抽象的で何をすればよいのかわからないときに戸惑います。自分がすべきことを具体的な活動を通して示されることで動くことができるようになります。

教科書の使い方編

7 授業中，算数の教科書はいつ使えばいいの？

あれ？　なんだか公式がよくわかっていないみたい……。話し合いだけでは不十分だったかな？

 授業の中で算数の教科書を使う場面は決まっている!?

　算数の教科書は読み物ではないし，子どもにそのまま見せてしまっては問題解決能力が育たないと述べました。では，子どもはいつ使えばよいのでしょうか。明らかなことは，次のような場面で子どもに見せてはいけないということです。

× 　新しいことを学ぶ授業の導入場面で教科書の問題をそのまま見せる

　⇒　教科書の同じ頁には，問題だけでなくイラストや次に行う活動の指示等が載せられています。イラストを見せるべきかどうかは子どもの実態によって変わります。問題場面を子どもにイメージさせることに価値があると判断した場合は見せるべきではありません。
　また，問題場面をもとにして次に何をするべきかを子ども自身が考え

られるようになることが資質・能力としての問題解決能力には欠かせません。それなのに，教科書には既に「式に表してみましょう」という文字情報があったり，図が描かれていたりします。それらは子どもから導き出すことなのです。

| × 自分なりに問題を解決する場面で教科書を見せる |

⇒ 教科書には子どもの反応例として，いくつかの考え方（解決方法）が示されています。教科書によって，そのまま読めば考え方がわかる形式で示されている場合もあれば，考え方の説明部分が「虫食い」形式で書かれている場合もあります。いずれも子どもにとっては問題解決の答えもしくはヒントとなってしまいます。自分自身の力で解決する力を奪ってしまうことになるとともに，解決したときの喜びも生まれません。算数の楽しさを奪ってしまう教科書の使い方です。

結局，教科書を使うのは次の場面に決まってきます。

| ◎ 学んだことを振り返り，自分たちの整理を見直して確認する場面 |

⇒ 自分たちなりに問題を解決した段階で，まず学んだことを子どもの言葉で整理させます。それができたところで教科書を見せます。そこでは，自分たちの整理が妥当かどうかを振り返らせる意図があります。そのとき，学級の中で生まれなかった問題解決のアイデアが教科書にあれば，ここで初めて解釈させるようにします。子どもの反応例はこのときに役立つのです。

また，数学の大事な言語である定義や公式にあたることを，子どもの曖昧な表現で整理するだけで終わらせてはいけません。確実に教科書の記述を読ませ，ノートに書かせるということを通して表現それ自体を確実に指導しなければなりません。

| ○ 適用問題や練習問題を扱う場面 |

⇒ 教科書に示されている適用問題や練習問題は授業中に全て解く必要はありません。しかし，本時で学習したことを確認するため，あるいは定着を図るために教科書の問題を使うと効果が上がります。

算数の授業づくり編

8 算数の授業開きで大事にするべきことは？

 教師が目指す算数の授業観の伝達と学年スタート時の実態を把握

　算数の授業開きでは，教師の目指す算数授業観を子どもたちに具体的かつ端的に示すことを意識したいものです。それは子どもたちに話して聞かせるということではありません。授業の中で実際に行う活動を通して子どもに感じ取らせるという意味です。

　授業開きですから，最初に新しい教科書やノートを配布することでしょう。記名をさせて，少しだけ教科書の中を見る時間も確保します。通常，算数の授業開きというとノートの書き方の説明や算数の授業での学習規律の指導などを行いがちですが，それらは一回指導したからできるようになるというものではありません。授業開きだけではなく，それ以降の算数授業を通して継続的に指導していくものです。だから，この段階ではさらりと済ませます。

すると，授業の残り時間はおよそ35分間程度。この時間で教師の算数授業観を伝える活動をすることになります。ただし，教科書の最初の教材を扱うようなことはしません。通常単元の導入はしっかりと行いたいので，次時から始めるようにします。だからここで行うのは，トピック的な活動です。

例えば２年生や３年生の学級開きならば，ノートに頁数を書かせるだけでもよいでしょう。１頁目から順に，ノートを１頁ずつめくりながら，「１，２，３…」と数字を書かせます。同時に，「いち，に，さん…」という数詞も言わせていきます。ここで大事にしたいのは，全員揃えるということです。数詞を言う声を揃える，頁数にあたる数字を書く速さを揃える，新しい頁をめくるタイミングを揃える，これらを意識させることで，子どもたちに「自分は学級の仲間と一緒に活動しているんだ」ということを意識させるようにします。「先生は，みんなと一緒に算数の授業を行っていくよ」というメッセージなのです。だから，速く書ける子どもにはまだ書けていない子どもを待たせます。書くのが遅い子どもには，みんなと同じ速さで書くことを意識させます。ただし，数字を雑に書くのはダメだということも伝えます。

ノートの頁数を書かせるもう一つの意味は，数字と数詞の習得具合の確認です。正しい数字が書けるのか，頁数と数字や数詞を一対一対応させることができているかということを一斉に，かつ個別に見取ることです。これからの算数授業を行っていくための大前提となる子どもの実態を把握しているわけです。

３年生以上の学級開きでは，35分で収まるようなトピック教材を扱います。本書では具体的なトピック教材の内容までは紹介できませんが，その目的は教師が目指す算数の授業観の伝達と当該学年の学習をする上での子どもの実態の把握です。だから，前学年の学習内容をもとにしたトピック教材を用います。指導要録や前担任からの引き継ぎを通して，個々の子どもの実態を知ることもできますが，学級開きのときから実際に自分の目で子どもの姿を見て実態を判断することがとても大事になります。授業開きから先入観による偏った見方で子どもを見ることがないようにしたいものです。

算数の授業づくり編

9 算数授業の学習規律や形式化はどう考えればいいの？

なんだか，型に当てはめすぎてしまっているかもしれない……

 形式化の長所・短所

　学習規律の形式化，話型の形式化，授業展開の形式化，黒板の提示物の形式化，ノートの書き方の形式化……，算数の授業で行われているものの中に形式を持ち込んでいる学級は多いと思われます。特に算数の研究指定校では学校全体の研究内容の一環として授業スタイルや学習規律を形式化して，全校で取り組んでいることもよく目にします。この場合，学級間での取り組みを揃えられるというよさがあります。共通の視点で授業研究を進めることができるので研究上の議論も進みやすいでしょう。その一方で，短所もあります。それは個々の教師の授業力量の違いが生かせないということです。経験年数の少ない教師は，形式が一つの指標となるので算数授業経営に取り組みやすいと思います。しかし，ベテラン教師は，形式などなくとも，自分の算

数授業経営ができます。ベテランにとっては，自分らしい算数授業経営がしたいのに窮屈な思いをすることになるということです。また，もう一つの短所は形式を定着できることが目標になってしまう傾向が強いということです。そして，形式に当てはまらない子どもの姿や授業の価値を認められなくなってしまうこともあります。

　子どもの資質・能力を育てるためには，子どもの素直さを生かすことが欠かせません。しかし，算数授業の形式化がその素直さを奪ってしまうならば逆効果です。そして，何より当の子ども自身が算数授業の形式化をどう感じるのか検討することも欠かせません。算数授業に形式を取り入れることに対する子どもにとっての意義と目的を明確にしてから，実際に用いるかどうかの判断をするとよいでしょう。

形式化はゴールではなく，過程

　算数授業経営の拠りどころがなくて，とりあえず何かの形式を取り入れたとしましょう。このとき，子どもが形式通りにできるようにすることを目標にしがちです。ですが，形式は，あくまで「とりあえず」取り入れているものだと考えるべきです。目標だととらえてしまうと，子どもに「させよう」という意識が強くなり，算数の学びには直接関係のない小言も増えます。自然体でいたい子どもを形式に当てはめるのですから，子どもは窮屈に感じているのは当たり前だという意識を常に持って接するようにしたいものです。

　つまり，例えば学習規律の形式化であれば，子どもが素直な姿勢で友達と協調しながら学び，算数の学び自体を深められるようになるための橋渡しにならなければ意味がありません。それは，どんな形式化にも共通に言えることです。だから，形式化を取り入れるならば，例えば1か月間だけ，あるいは1学期だけというように期限を区切るとよいでしょう。一度形式を体験した後で，それを子どもたちと一緒に壊し，新たに使いやすいものに修正していくのです。そうすると，子どもの学びを深められるその学級にふさわしい形式になっていきます。そして，その修正はずっと継続されていくのです。

算数の授業づくり編

10 子どもが使える学習規律を整えるには？

学習規律は子どもと一緒につくるもの

　授業の学習規律は，どこかの誰かが考えたきまり（ルール）を子どもに押しつけ，その通りに子どもが動くようになることではありません。それは，学校のきまりでもなければ，担任である教師がつくったきまりでもありません。学習規律は学級の子どもたちと教師が一緒になって継続的につくっていくものです。だから，前項でも「形式を持ち込むのであれば期限を区切り，そこから修正を加えていくべきだ」と述べたわけです。子どもたちは自分たちがつくった規律ならば使うのに抵抗感がありません。自然な形で使えます。
　問題は，どのようにして子どもと一緒に学習規律をつくっていくのかということです。その方法はただ一つ。子どもの姿を教師が褒めることです。褒めると言っても，ただ闇雲に褒めるわけではありません。教師が「こうあっ

てほしい」とイメージしている授業にぴったり当てはまる子どもの姿やそれに近い子どもの姿を目にしたとき,「○○さん,素晴らしいね！いいね！」というように褒めるのです。このとき,私は,あえて何がいいのか示さずに褒めます。その代わり,周りの子どもに「どうして先生が素晴らしいと言ったかわかりますか？」とか,「今の○○さんは何が素晴らしいかわかりますか？」と問うのです。学級の子どもたちにその価値を意識させ,学級が向かうべき方向を示すようにします。

例えば,算数授業の対話的な話し合いの場面で,子どもが次のような言葉を言ったとき,私は発言にストップをかけます。

○「まず」「次に」「そして」……順序,段階を示す
○「だから」……前提となることをもとにして新たな考えを生み出したり,振り返る
○「でも」……反論を表す
○「だったら」「じゃあ」「それなら」……類比的に推論する
○「もし～だったら」……条件を変えたり,仮定して考える
○「だって」……理由や根拠を表す

そして,「今,いい言葉が聞こえましたね。何がいい言葉だったかわかりますか？」と言うのです。場合によっては,全員にその発言そのものを再現させて,強調します。さらに,例えば短冊カードにその言葉と日付を書いて教室内に掲示してもよいでしょう。学級文化として,開拓した言葉の歴史として示し,周りの子どもたちに印象づけるわけです。

ところで,これらは全て論理を組み立てるときに必要な言葉です。算数では筋道立てて考える力を育てることもねらっていますが,これらの言語を使いこなせるということがその具体だと言っても過言ではありません。

日々の授業の中で,実際に学級の中で現れた言葉を継続的に認めていくと,徐々にですが自然な形で周りの子どもにも定着していきます。

算数の授業づくり編

11 算数の学びの邪魔をする学習規律は？

褒めてはいけない言葉＝定着させてはいけない言葉

　学習規律は子どもの学びを支えるものです。ところが，定着させると算数の学びの邪魔になる学習規律もあります。例えば，次のようなものです。

　×　「わかりました」

　この言葉を学習規律として取り入れている学級をよく目にします。誰かが発言すると，子ども達が一斉に「わかりました」と言うのです。その声で学級内が活気で満ちているように感じます。そして，次の活動に移っていきます。でも，これでよいのでしょうか？

　繰り返しになりますが，算数の学びは他人の話を聞くとか，他人が書いたものを見るだけでは成立しません。つまり「わかりました」とはならないのです。「わかりました」と単純に言えるのは，簡単な情報を確認するような

場合だけです。問題を解く方法や考え方は,「わかったつもり」にはなっても「わかりました」とはなかなかなりません。にもかかわらず「わかりました」と言う学習規律に算数としてどんな価値があるのでしょうか。せいぜい教師にとっての安心感くらいでしょうか。つまり,「わかりました」と言っているから次に進めるという合図としての意味ぐらいのものです。

逆に「私はよくわかりません」「〜のところがわかりません」と言える学習規律こそ大事にしなければなりません。

✕ 「同じです」

これもよく目にする学習規律です。友達の発言に対して「同じです」と言い返します。例えば,計算の答えの数値が「同じです」ならば問題はありません。しかし,自分の見方や考え方と友達の見方や考え方が同じかどうかの判断は,話を聞くだけ,あるいは書いていることを見るだけではできません。逆に,素直な子どもであれば,部分的な違いの方が気になります。この違いにこそ価値がある場合もあります。単純な例ですが,「2つと3つ」という表現と「2つが3つ」という表現を比べたとき,表現の違いは「と」と「が」だけです。大まかに見れば「同じです」となるかもしれません。しかし,実際には全然違います。「2つと3つ」は5つを表した表現で,「2つが3つ」は6つを表した表現です。

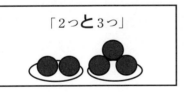
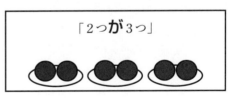

算数には小さな違いにこだわることで学びが深まる場面がたくさんあります。「同じです」にこだわるのではなく,「ちょっと違います」「私は少し違います」,とか「似ているけど……」と言える子どもを増やすことの方がずっと算数の学びにとっては大事なことなのです。

算数の授業づくり編

12 算数授業の言語活動で大事にすべきことは？

対話的な学びは目的ではなく，方法・手段である

　アクティブ・ラーニングという言葉は影を潜めてきた感がありますが，結局，「主体的・対話的で深い学び」という言葉に置き換わって残っています。この中に「対話的」という表現があるように，算数の授業の中でも子どもと子ども，教師と子どもの対話が求められています。しかし，対話は算数の目的ではありません。あくまで算数の目標を達成するための手段です。だから，学級活動のような話し合いを目指しているわけではないのです。

　ところが，言語活動が注目を浴びるようになってからというもの，学校現場では話し合い活動が重視されるようになりました。そして，いつの間にか「ペア学習やグループ学習は必ずやらなければならない」「話型にしたがってしっかり話し合えるようにしなければならない」というような風潮があちこ

ちの学校で当たり前のように言われています。ペア学習やグループ学習は算数としての目的が伴った場面で用いるものであって，ただ取り入れればよいというものではありません（詳しくは64～65ページ）。話型にしても，整った形式で話し合うことが算数の目的ではありません。どちらも算数の価値を見失うと，上辺だけの「絵に描いた餅」としての言語活動になってしまいます。大事なことは，「疑問や問いの気づき」⇒「問題の設定」⇒「問題の理解，解決の計画」⇒「解決の実行」⇒「解決したことの検討」⇒「解決過程や結果の振り返り」⇒「新たな疑問や問いの気づき」という学習過程を実現するための対話であり，言語活動だということです。

なお，「対話的」という表現が取り上げられたことで音声言語による言語活動が注目されやすいのですが，算数の学びを支える「外化」という観点から言うと文字言語による言語活動，即ち「かく」ということがとても大事になります。

算数（数学）は言語である

話すこと，かくこと，どちらの活動でも言語を使います。算数で使われる言語は，日本語としての言語だけではありません。数字や数詞はもちろんのこと，式，図，数直線，表，グラフを用いて対話をしています。つまり，これらは算数だからこそ使う言語なのです。それらはどれも世界共通の言語です。だから，算数の言語活動を通して，子どもたちにこれらの言語を使えるようにしなければなりません。

また，例えば図形の構成要素である「辺，頂点，角，垂直，平行」等というような言葉は，日本語ですが生活言語ではありません。全て数学用語です。算数の授業では，このような数学用語の概念形成を図るとともに，用語を教えます。だからこそ，算数の言語活動では，数学用語を用いられることも大事になります。

算数の言語活動は他教科の言語活動とは異なった独自の言語活動であるという認識をしっかり持って指導にあたらなければなりません。

算数の授業づくり編

13 全員参加の授業にならないのはなぜ？

全員参加を阻害すること

　全員参加の算数授業を実現するためには，授業の中でいろいろなことに配慮する必要があります。子どもは基本的に算数がわかるようになりたい存在です。みんな算数ができるようになりたいのです。ですが，自分がよくわからないのに授業が進んでいってしまったらどんな気持ちになるでしょうか。算数は前提となることをもとにして学びを組み立てていく学習です。前提の場面でつまずいてしまうと，次の学習がわからなくなってしまいます。「もう自分にはわからない」と学びをあきらめてしまう子どももいれば，「自分は算数ができないんだ」と決めつけてしまう子どももいます。こういう気持ちになった子どもは算数の授業に対する参加意欲も減ってきます。しかし，現実の授業に目をやると，授業に参加できていない子どもがいるにもかかわ

らず進められている授業がたくさんあるのです。

　また，学習規律に厳しい学級の場合，学習内容とは直接関係のないことで子どもは制約を受けています。本来，子どもは自分の考えを喋りたい存在です。しかし，学級の学習規律によって窮屈な思いをして，自分の考えを表現しにくくなっている子どももいます。特に，「姿勢をよくしましょう」とか「手をしっかり挙げて発表しましょう」というような学習態度に関する注意をたくさん受ける子どもは，算数の学習以前のことでやる気が減退している場合があります。確かに学習規律は必要ですが，それは個々の子どもの学びを促すためにあるのであって，制約するものとなってしまっては意味がありません。だから，教師は，子ども自らが算数の授業に参加したくなる状況とはどういうものなのか子ども目線で考え，整えていかなければなりません。

「外化」する機会を全ての子どもに５回以上保障する

　全員参加の授業を目指すためには，教師は，まず，全ての子どもを参加させるという意識を持って授業に臨まなければいけません。たとえ子どもの中にあきらめムードの子どもがいても，決してお客さんにしてはいけないのです。

　そこで，教師は，全員の子どもに毎時間５回は喋らせるということを自分のノルマとして課しましょう。これは，挙手して５回発言させるという意味ではありません。一斉に声を出して言う，ペアやグループで話す，自由に話す，わかったら立つ（座る）等，所謂子どもの考えを「外化」する場を設けようということです。算数の学びは「外化」を通して成立していきますから，「外化」の機会を増やすことがとても大事になります。自分が表現することが当たり前のことだという意識になってくればしめたものです。大事なことは，子どもに「自分も参加しないと授業は進まない」ということを自覚させることです。

　特に，授業開きの段階からこのような「外化」を意識づけていくと，子どもは「今度の先生は今までと違う」という意識を持つとともに，次第に算数の授業に対する関心も持つようになります。

算数の授業づくり編

14 全員参加の授業を推し進めるためには？

全員の学びを揃えることを意識する

　全員参加の算数授業を実現するためには，前述のように「外化」する機会を豊かにすることが第一のポイントです。全員の子どもに５回は発言させると述べましたが，当然，５回以上を目指していきます。現在私は，「外化」する機会を10回設けることを目安として授業をしています。

　ただ，何でもかんでも「外化」させればよいというわけではありません。大事にしなければならないのは，子どもを揃えるという視点です。

　例えば，本時の授業で２桁の数の平均を扱う場面では，いきなり本題に入るのではなく，最初に１桁の数の平均を求めさせます。安心して授業に参加できるように，どの子どもも答えられることから始めるのです。ただし，ここでの全員参加のポイントはそれだけではありません。たとえ１桁の数の平

均を求める問題であっても,「答えがわかった人？」と発問して挙手指名をして発言させても意味がありません。なぜなら「外化」する子どもが限られてしまうからです。だから,まず,全員の子どもを立たせます。そして,「平均がわかった人は座りましょう」と投げかけます。自分で答えを出さざるを得ない状況に子どもを追い込んでいるわけです。子どもは適度な緊張感を味わうことにもなりますが,この緊張感こそ算数に向かう態度を促します。また,座るタイミングも個々で違いますから,それによって子どもも刺激を受けます。教師にとっては,全ての子どもの実態を一気に見取ることができる機会にもなります。そして,座るのが遅い子どもを把握し,本時の授業を通して最も意識して見ていくようにするわけです。

このように子どもができることから授業を始め,全員を揃えているわけですが,「授業はお客さんではいられない」という意識を揃えているという意味もあります。授業の開始時に子どもの学びを揃えると,子どもは安心してその授業に臨めます。しかし,それだけでよいわけではありません。算数の授業では,授業が進むにしたがって子どもが考える対象が変化していきますから,授業展開のポイントとなる場面で子どもを揃えるための「外化」を設けるようにしていきます。特に,友達の考えを理解するために「外化」を促すことが大事になります。情報を理解するということは,聞くという行為だけでは成立しません。一斉に再現させる,ペアで再現させるというように,個々の子どもに確実に「外化」させることを心がけたいものです。

もう一つの揃える視点

全ての子どもが答えられることから始めるという方法は,子どもの学びを揃えるためには効果的です。同様に,誰でもできることから始めるという方法も有効です。しかし,学びを揃える方法は,できることから始めるだけではありません。特に,授業の導入場面では,逆に「誰も解けない問題から始める」という方法も効果的です。詳細は,発問・問題提示の項目(70〜81ページ)の中で紹介します。

算数の授業づくり編

15 「できる子ども」だけで授業が進まないようにするには？

挙手指名で進める授業だけではダメ

　全員参加の算数授業を推し進める上で，教師は，「できる子ども」の意見だけで授業を進めないようにしなければいけません。しかし，「できる子ども」の考えだけで進む授業は，実は教師がそうなるようにしむけているのです。つまり，発問をするのは教師ですし，その発問に対して挙手する子どもの中から，「できる子ども」を指名しているのも教師だということです。最初から「できる子ども」を指名しないとしても，最終的に取り上げられる考えが「できる子ども」の考えになるというパターンにはまってしまっています。この状態を改善するため，次のようなことを意識したいものです。
○挙手指名形式だけで授業を進めない
　子どもの考えを引き出すのに，「教師の発問⇒挙手⇒指名⇒発言」という

形式だけで授業を展開していると，結局，一部分の子どもの意見だけで進める授業になってしまいます。特に算数に対して苦手意識を持っている子どもは，最初から手を挙げようとしませんし，人任せの状態になってしまいます。だから手を挙げる子どもは固定化し，結局，「できる子ども」の意見だけで進むということになってしまいます。それを打破する方法には，例えば，「教師の発問⇒一斉に発言」という方法があります。子どもは個々に自分の考えを同時に答えるので，声は揃いませんし，話す長さも異なります。そのとき，一番長く話した子どもに改めて指名して発言させます。長く話していたということを価値づけることになるとともに，指名された意図が周りの子どもにも伝わります。自分も発言しているので，自分とどんなところが違っているのか気をつけて聞こうという意識も生まれます。それに続けて考えの違いや付け加えることを引き出すようにしていきます。一度自分の考えを表出しているからこそ意見がつながります。このようなことを日常的に継続していくと，どの子どもにも自分の考えを発言するのが当たり前という感覚を育てることにもなります。

○指名する目的を教師自身が明確に意識する

　算数の授業での指名は，この子はまだ発言していないからとか，あまり発言しない子どもが手を挙げているからという理由だけでしてはいけません。当然，そのような理由で指名することを否定しているわけではありません。算数授業で行う話し合いは，話し合いを行うこと自体に目的があるのではなく，算数の目標を達成する手段なのです。だから，指名するときに，算数の目標を達成するための指名があります。例えば，少数派の意見を意図的に取り上げるとか，あえて誤答を取り上げるとか，その後の意見の交流を予測して指名するようにします。

　また，発問には挙手できていない子どもを把握するという機能があります。教師は，授業の中で挙手できていない子どもが動けるようにしなければいけません。その子が活動し始めたとき，状況を評価するための指名もあります。

算数の授業づくり編

16 自力解決のときに気をつけることは？

3分間で考えさせよう。
つまずいている子はいないかな。

自力解決の意義

　問題解決型の算数授業では，課題を確認した後に自力解決の時間が設けられます。子どもが自分なりの見通しを持って問題解決に取り組むのが自力解決だと押さえられているからです。そして，自分の考えを持ってその後の練り上げの話し合いに参加することを前提としています。

　私は，自力解決に「こうあらねばならない」というきまりはないと考えています。自力解決は問題に対する自分の状態を自覚することに意義があります。それは，「自分には解けない，わからない」という自覚でもよいと思います。極端な話ですが，もし，全員の子どもが自力解決できたとしたら，その授業は子ども達にとって必要のない授業だと考えます。なぜなら授業で学ばなくても，既に自分の力で解けたのですから。私は，問題が解けない，わからない子どもがいるから授業を行っていると考えています。逆に，解けた

子どもも，自分の解き方を意識する時間になります。「もうこれでよし」と思うか，「もっと他の方法はないか」と思うか，自分自身を振り返る時間だということです。

このように自力解決は子どもが自分自身の状態をモニタリングするための時間だと押さえると，授業の中での取り入れ方が画一化されるものではないということがわかると思います。

自力解決の時間で気をつけるべきこと

自分の問題解決をモニタリングする時間である自力解決は，1時間の授業に1回だけと決まっているわけではありません。数回あってもよいわけです。

しかし，漠然と「問題を解きましょう」という自力解決では，わからない子どもは自分が何に困っているかも自覚できません。だから，子どもの具体的な問題意識に基づいた小まめな自力解決を設けるように心掛けると，子どもも今何をすればよいのかはっきりしますし，自分自身の具体的な躓きを自覚することができます。これが，全員参加の授業につながっていきます。

また，自力解決の時間に私が机間巡視するときには，誰が何に躓いているかということと，想定外の方法で解決しているのは誰かということを把握します。特に躓いている子どもを把握すると，その時点ですぐに自力解決の時間を止めます。そして，困っていることを全体で確認して，ヒントになる情報を交換する場を設けます。そのまま続けても，その子どもにとっては苦痛でしかないからです。だから，私が行う1回の自力解決の時間は，短くて1分，長くても大体5分程度で，いつも同じにはなりません。

一方，子どもの中には早く自力解決できる子どもがいますが，私は決して「もっとよい他の方法を考えましょう」とは言いません。子どもは，自分がベストと思う方法で解いているはずだからです。逆に，こう言うと効率の悪い方法を無理やりつくる子どももいて，逆効果になることさえあります。だから，早くできた子どもには，「自分の考えを説明しやすいように言葉を書き加えておきましょう」という指示をします。

算数の授業づくり編

17 ペア学習やグループ学習はどんなときに取り入れるの？

授業の途中で子どもたちの学びを揃えるために

　学び合いや言語活動，そしてアクティブ・ラーニングが話題となるにつれて，ペア学習やグループ学習を取り入れた算数授業が多くなりました。私もペア学習をよく行います。しかし，これらは子どもの思考が停滞している場面で使ってはいけません。ペア学習は教師が授業展開に行き詰ったときの逃げ道ではないからです。

　ペア学習を行う場面には意味があります。その一つは展開している授業の途中で子どもの学びを揃えるということです。全員に確実に理解させたい見方や考え方が子どもから現れたとき，その発言をペアで再現させます。そして，再現した友達の考えを解釈する活動としてペア学習を続け，全員に「外化」させることで見方や考え方の共有を促します。自分が持ち合わせていな

かった見方や考え方の解釈は個人に委ねるよりも，複数で「こういうことかな」「多分こういう意味だよね」というふうに解釈の中身を吟味する方が効果的です。

そして，再現できたら，あるいは解釈できたらペアで立つように指示します。そうすることで，誰が理解できて，誰が理解できていないか即座に評価できます。理解できていないペアには理解できたペアが移動してグループでさらに確認するようにします。大事なポイントでは確実に学びを揃えるようにします。

もう一つは，特定の子どもが抱いた問題意識を共有させるということです。問題意識は全員の子どもが一斉に持つものではありません。だから，まだ問題を意識できていない子どもたちに友達が抱いた問題意識を共有させる手段としてペア学習を取り入れます。問題解決学習にとって，子ども自らが問題を認識できることはとても大事なことです。資質・能力の一部である学びに向かう力を育むためにも，問題意識を抱くことを全員の子どもに追体験させることはとても大事になります。

ひらめきや発見を全員に追体験させるために

問題を解決するアイデアや，それをより一層洗練するアイデアは，全員の子どもが一律に発見できるものではありません。だから，一部分の気づきを全体に広げ，気づきの追体験をどの子どもにもさせたいものです。私は，その手段としてもペア学習を用います。ただし，アイデアに気づいた子どもには，あえてアイデアを全部説明させません。アイデアのヒントとなるようなことを言わせたり，アイデアの途中まで話をさせたりします。その限られた情報をもとに，何に気づいたのかということをペアで解釈させます。

すると，それぞれのペアから「アッ，わかった！」「そういうことか！」という声とともに笑顔が生まれます。ここでも解釈するのにペアを用いていますが，これは，互いに知恵を出し合う中で，いつの間にか自分たちの気づきとしてアイデアを追体験できるからです。

算数の授業づくり編

18 文章問題を正しく読めるようにするためには？

180円残っています。お菓子の代金はいくらだったのでしょう。

いくらだったのでしょう？

 算数の文章問題場面は生活の中に存在しない!?

> たかし君は財布の中に300円持っていました。おかしを買ったので，今の財布の中には180円残っています。お菓子の代金はいくらだったのでしょう。

　この問題を目にすると，素直な子どもは戸惑います。立式が難しいわけではありません。「どうしてたかし君はお菓子の代金がわからないの？」と言うのです。つまり，「たかし君は自分でお菓子を買ってお金を払ったんだから知らないはずがない」と言うのです。この子どもはしっかり文章が読み取れています。つまり，子どもにしてみれば，不思議で不可解な文章だということになります。このように算数で扱われる文章問題は，現実の生活場面には存在しないものや，子どもだったら絶対に書かない文章が多いのです。高

学年の分数のかけ算でペンキを塗る話や速さの話などは，無理やり算数の世界を文章化しているので，不自然さが甚だしいわけです。教師は，そのことを踏まえた上で文章問題の教材研究をしなければいけません。決して，本当にペンキを塗ったりしないようにしたいものです

文章から情報を読み取るための手立て

　昔からよく目にする手法に，文章問題中のわかっていることや問われていることに線を引かせるというものがあります。しかし，教科書の文章問題を扱っているような場合には，それは全く無意味です。子どもはただ形式的に反応しているだけで，読んでいません。理由は単純です。文章に示されている数値の情報は，基本的にいつも2つです。それを「＋」「－」「×」「÷」のいずれかでつなぐだけですから，読み取る情報は限られています。

　だから，文章中の情報を増やしてみればよいのです。

　例えば，「赤いチューリップが23本，黄色いチューリップが18本，紫のチューリップが27本，ピンクのチューリップが16本咲いています。黄色チューリップとピンクのチューリップをあわせると全部で何本咲いていますか」とすると，使う数値と使わない数値を区別しなければいけません。人間は，情報を整理するときに，線を引いたり，まるで囲んだりするものです。形式ではなく，必要感のある場面を通して情報整理の方法を獲得させるようにしたいものです。

　なお，文章問題を読み取らせるには，子ども達にしっかり書かせることが大事になります。黒板に教師が書く問題を視写することが基本ですが，あえて聴写を取り入れるもよい方法です。言葉に注意しながら確実にノートに書かせることで，黒板を見て読む，写しながら読む，そして書き終えてから読むというふうに最低3回は子どもに読む機会を保障できます。98～99ページで詳述しますが，文章を印刷したものを配布してはいけません。

　書いた後で，読むときも音読にしなければならないと決まっているわけではありません。内容を読み取らせるには黙読も有効な手段です。

算数の授業づくり編

19 間違った答えはどのように扱えばいいの？

こういう答えがありました。
どうしてこの答えになったか
わかりますか？

あ！　私の答え，
間違えてたんだ……
みんなの前で言わなくて
よかった……ほっ。

 算数の間違いには意味がある

　算数は答えが一つに決まるとか，正しい答えか間違った答えかはっきりする教科だと言われます。算数の特質を表した言葉ですが，だからこそ，毎時間の算数授業の中では間違った答えも生まれます。

　この間違いですが，どれも間違いだからといって全てを同列に扱ってはいけません。単なる計算ミスや単位の書き忘れのような注意不足による間違いもありますが，そればかりではないのです。例えば，次のひき算の筆算を見てください。答えは間違っています。正しい答えは15ですが，この子どもが間違えた理由は次のどちらでしょうか。

　①一の位の9をひくときに30から10を繰り下げたことを忘れて，十の位を「3－1＝2」としてしまった。

　②単なる計算ミス

$$\begin{array}{r}34\\-19\\\hline 25\end{array}$$

実は，どちらでもありません。この子どもは一の位を「9－4＝5」と計算し，十の位を「3－1＝2」と計算したのです。つまり，間違いにもその子どもなりの見方や考え方が反映されています。このような間違いの意味をみんなで考えることで，何が問題なのかということがはっきりしてきます。「9はひく数だから，9からひけない」とか，ブロックやおはじきを使って「ほら，9はひく数で，9からひいているんじゃない」ということを学級みんなで確認する中で，ひき算の筆算の原理に対する理解が深まります。

　つまり，算数では意味のある間違いを教師が見出し，全体で共有させることで，子どもにとって意味のある深い学びを実現できます。教師には，間違いの意味を見取る力も必要なのです。だから，日頃から子どもの誤答分析をする習慣を身につけたいものです。

間違いは本人には説明させない

　間違いを授業の中で扱うことはとても大事です。でも，間違えた理由を間違えた本人に言わせることは考えものです。特に新しく担任となった学級の場合，間違いの扱いはとても慎重にしなければなりません。最初から本人に説明させたりすると，恥をかかされたと感じて二度と発言しなくなるかもしれません。間違いを取り上げる場合には，誰の間違いかを伝えずに「こういう答えがありました」と教師から示すようにします。そして，「どうしてこの答えになったかわかりますか？」と問うのです。子どもは間違いの中にある論理を解釈するのですから，ペア学習を使ってもよいでしょう。すると，「アッ，わかった！」という声が挙がります。その子どもに説明させることで，間違いにも意味があるということがわかるとともに，「僕も最初はそのようにやっていた」という共感する声も広がっていきます。これを毎時間続けていくと，自分から間違いを言う子どもが現れます。それは，友達の間違いに共感する学びを継続しているからです。すると，「気持ちがわかる」という周りの子どもも増えていきます。これは学級経営にもつながっています。

算数の授業づくり編

算数の発問で気をつけることは？

× 計算の仕方を考えましょう。
× 仲間に分けましょう。
× 他にありませんか。

教科書通りの発問はダメ！

　教科書の使い方のところでも述べましたが，教科書の表記は，算数の学習内容が読み手，特に教師が誤解せずに読めるように書かれています。ところが，教科書の表記のまま子どもに発問してもあまり効果がありません。それは子どもに伝わらない言葉であるとともに，具体的に何をすればよいかよくわからないからです。教師は，子どもの反応や活動を具体的にイメージして発問や指示を考えなければなりません。教科書の表記はその基盤となるものですが，そのままでは使えないということをしっかり押さえておきましょう。具体的な発問のあり方については，他の項目の事例の中で紹介します。

よい発問を考えればよい授業ができる!?

　発問に対する誤解の一つに，よい発問を考え，それを子どもに投げかけさ

えすれば子どもが活発に活動するよい授業が成立するという思い込みがあります。発問には確かに子どもの思考を促す効果がありますが，算数の授業は発問だけで決まるものではありません。教材の設定や提示の仕方の工夫，子どもの考えの取り上げ方や関わらせ方，操作活動等の活動場面の設定や活動内容等，様々な要素が複雑に絡み合って成立しているのが授業です。発問はその一部です。ただし，大事な一部です。発問だけでなく指示も含めて，授業展開の文脈に即した具体的で子どもが何をすればよいのか，何を考えればよいのかわかりやすいものにしていく工夫は必要です。

 発問には愚問がある

　発問の中には，授業で使ってはいけない愚問もあります。
　例えば，計算の授業で「計算の仕方を考えましょう」と問うのは愚問です。その理由は教科書の使い方の項目でも触れていますが，この発問は教材研究していなくても言えるものです。子どもが素直に反応できるように工夫して修正しなければいけません。また，図形領域であれば，「仲間に分けましょう」という発問も愚問です。確かに教科書にはこの表記があります。しかし，子どもの立場から考えてみると，図形を仲間に分ける必要感もなければ仲間に分けたいという思いもないのです。仲間分けは図形の概念形成にとって必要なことだから教科書には示されています。ただ，それは数学上の都合であって，子どもにとっては不思議なことです。子ども目線で考えたときに，「？」が浮かぶ発問は愚問です。発問は子ども目線から検討しなければいけません。
　また，領域には関係なく愚問と言える発問があります。それは，「他にありませんか？」という発問です。多様な考えが現れていれば絶対に使いませんが，教師の予想に反して考えが広がらない場合や期待する反応が現れないときに使います。すると子どもは，先生が期待している答え探しをし始めます。「他にありませんか？」と言わざるを得ない状況になったとき，教師は，そこまでの授業展開がよくないと自覚し，改善案を考えるべきです。

算数の授業づくり編

21 子どもの興味・関心を引き出す問題提示のコツは？

子どもの興味・関心を引き出す問題提示

　多くの教師は，授業の導入から子どもの興味・関心を引き出したいと願って授業に臨んでいます。特に，算数の問題をそのまま与えても，全ての子どもが積極的に授業に向かってくるわけではないということを感じ取った教師は，何か工夫しないといけないということを意識します。その結果，例えば，アニメのキャラクターを使った問題提示を試みる教師もいます。算数には直接関係のないものの魅力で子どもを惹きつけるいわゆる外発的な動機づけを利用しているわけです。このような導入をする多くの授業では，最初は盛り上がりますが，授業が進むにしたがって子どもは沈んでいきます。子どもに算数に関する興味・関心が生まれなかったからです。やはり，子ども自身が算数に関することに目を向けるような問題提示を工夫しなければいけません。

それには，いくつかの方法があります。ここでは，その意図を整理しておきます。それぞれの詳細については，この後の項目で紹介します。

①条件不足の問題場面を提示する

　問題解決を図ろうにも，解決するのに必要な情報が不足している問題を提示するというものです。子どもは「これでは解けません」とむきになって動き始めます。これが，授業の最初で生まれる子どもの問題意識です。

　また，情報が足りないので誰も答えを求めることができませんから，全員の学びが「解けない」ということで揃います。そして，解決できる問題に変えるためにはどんな情報を設定すればよいかということを子ども達と検討する中で，問題解決に関する見通しが持てるようになります。

②情報過多の問題場面を提示する

　条件不足とは逆に，問題解決に必要のない余計な情報を与える問題提示があります。この場合は，問題解決に必要な情報と必要でない情報を区別することが，子どもにとっての最初の問題意識となります。情報選択能力の育成という観点からも大事にしたい問題提示の方法です。

③ゲームやクイズのような活動から始める

　例えば，算数の素材をもとにして「神経衰弱」のゲームや「あるなしクイズ」をするような授業です。「○○ゲームをしよう」とか「○○クイズをしよう」という活動の「課題」を示して授業を始めます。

　これはゲームやクイズそのものが持つ面白さを生かそうとした導入であり，外発的な動機づけを利用しています。だから，子どもの問題意識を生み出せなければ授業の後半で子どもが沈んでしまう授業になったり，ただのゲームやクイズになったりする可能性もあります。しかし，全ての子どもが抵抗なく活動できるので，全員参加の授業が実現しやすいというよさもあります。

　ただし，ルールが複雑でその理解に時間がかかるようなゲームやクイズは向きません。また，ゲームやクイズをすると言っておきながら，話し合いばかりで活動が乏しい授業だと，子どもは裏切られた気分になります。活動する場を確実に保障し，そこで問題意識を誘発しなければいけません。

発問・問題提示

算数の授業づくり編

22 条件不足の問題提示のコツは？

チョコレートが1箱と2個あります。
9個食べました。
残りは何個でしょう？

そんなのわからない！

1箱何個入りなのかな……？

条件不足の問題提示のタイプとそのポイント

条件不足の問題提示にもいろいろなタイプがあります。
①不足している情報を子どもに自己決定させる

　□人でリレーをします。走る順序にはどのような場合があるでしょう。

　6年生の教材です。リレーをする人数を□人と示しています。人数が決まっていませんから，誰も答えられません。この問題では□の数を決めるのは子どもです。しかし，自由に人数を決めさせるのではなく，私は，「□の中に入らない数は何ですか」と問いました。実際に現れた反応は，「0人」「1人」「1億人」でしたが，□の数は2人以上だということの理解をはかったわけです。そして，□の中が2人，3人，4人と増やした場合を扱っていきました。つまり，条件不足となっている□は，変数なのです。□の人数が1

人ずつ増えるたびに走る順序の数がどのように
変化するのかということも意識づけられます。
　また，3人，4人の場面では，ICTを活用
して絵で提示しました。つまり，走る人の名前
という文字情報ではなく，情報を絵だけに制限する条件不足の提示とし，子
どもから記号化して整理するアイデアを引き出そうとしたのです。この場合，
記号化の仕方も子どもが自由に決めてよいわけです。
　情報を子どもが決める条件不足の問題提示には，自由に変えられることに
よさがある場面で用います。

②教師が決めている情報を見せない条件不足

　1年生に右の絵を提示して，次のように問題
を書きました。

> チョコレートが1はこと2こあります。9
> こたべました。のこりはなんこでしょう。

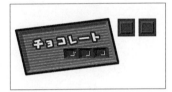

「そんなのわからない！」子どもが叫びます。箱の中のチョコレートの個
数がわからないと解けないということを意識させるためです。実際には，子
どもから「でも，箱の中には7個はあるよ」「でも，7個は変だ，8個かな」
「10個かもしれないよ」という声が現れました。このようなやり取りが，問
題の読み取りとなっているわけです。そして問題場面の状況が把握できたと
ころで，「チョコレート1箱は10個です」と告げます。10個という数は教師
が決めていた数です。
　教師が意図的に見せていない（不足させている）情報である数値の意味を，
子どもに意識づける場面で用いる条件不足の問題提示の方法です。

　どちらの条件不足の問題提示の場合も，条件不足にする理由があります。
この理由が曖昧なまま条件不足にすると，這い回る授業になってしまいます。
どの情報を見せて，どの情報を見せないかと判断する教師の意図が大事であ
り，それを教材研究の段階でしっかり検討しなければいけません。

算数の授業づくり編

23 情報過多の問題提示のコツは？

おつりはいくらでしょう？

「おつり」だから「残り」じゃないよ！

500円玉で払ったんじゃない？

情報過多の問題提示のタイプとそのポイント

情報過多の問題提示の一例は，文章問題の項目で示していました。

> 赤いチューリップが23本，黄色いチューリップが18本，紫のチューリップが27本，ピンクのチューリップが16本咲いています。黄色いチューリップとピンクのチューリップをあわせると全部で何本咲いていますか。

問われていることには関係がない数値が紛れ込んでいます。子どもは使う数値と使わない数値を区別しなければいけません。例えば，必要な情報に線を引いたり，丸で囲んだりするよさを実感させられます。

多くの算数の問題場面には，解決に必要な情報だけがそのまま示されています。だから，子どもはワクワクしないんだと考えてみることが大事です。教師は，なるべく子どもが困らないようにしようと思いがちですが，資質・

能力を育むという観点からいうと逆効果です。情報過多の問題提示は，子どもが問題解決に必要な情報を選ばなければならないので，思考力や判断力の育成にも効果があります。

また，次のようなタイプの情報過多の問題もあります。

右の絵を見せて，次の問題を書きました。

> さいふの中にこれだけお金がありました。
> 280円のペンを買いました。おつりはいくらでしょう。

3年生の教材です。この場合，財布の中にあるお金の情報を絵で提示していることが情報過多だと言えます。この絵をどのように読み取るかが問われるわけです。

そのまま730円と読み取った子どもは，「730－280＝450（円）」と考えます。しかし，これでは問題の答えになっていません。なぜなら問題で問われているのは「おつり」だからです。

実際の授業では，意図的にこのアイデアを最初に取り上げました。すると，予想通り他の考えの子どもが「違います！」と言い始めました。この段階で，問題文の内容が吟味されることになります。問われていることを読み取るということは，このように互いに読み取ったことを検討し合うことです。

事実，「おつり」という言葉は「残り」ではないということが検討されました。そして，「おつり」はお店の人にお金を払ったときに戻ってくるお金だからという見方で，財布の中のお金の意味を再検討することになったのです。「280円のものを買ったんだから500円玉を払ったんだ」と考えた子どもは，「500－280＝220（円）」と答えました。

ところが，これで終わりではありません。「530－280＝250（円）」と考えた子どもがいました。10円玉3枚を一緒に払っておつりとして50円玉をもらおうと考えた子どもです。情報の読み取り方で別の答えになります。情報過多の問題提示では，情報の選択の仕方を子どもに委ねることで，多様な見方・考え方ができるということを体験させることもできるのです。

算数の授業づくり編

24 ゲームやクイズのような活動から始めるときのコツは？

子どもの問題意識が生まれるようなしかけをどう施したらいいかな？

順番を工夫しようかな？

ゲームで始めるときのポイント

2年生の「かけ算」の意味理解をねらった授業で，「神経衰弱」のゲームを取り入れました。

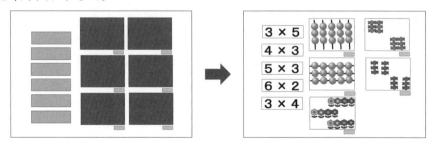

上図のようにICT［スクールプレゼンター（内田洋行）］を使いました。式のカードと絵のカードを1枚ずつ選んで，かけ算の式と絵の内容が一致するかどうかを判断するゲームです。「神経衰弱」はルールが単純なので，すぐに始められます。また，誰でもできるので，授業への参加意欲が全員の子どもに促されます。これは全員参加の算数授業を実現するための一つのポイ

ントです。ただ、そのままゲームをするだけで終わってしまっては算数の授業とは言えません。子どもの問題意識が生まれなければ意味がありません。だから、子どもの問題意識を生み出すしかけを絵の中に施していました。

　団子の絵は、串の向きで「5×3」と「3×5」が変わります。飴の絵は1つ分がはっきりしないので、「6×2」にも「3×4」にも見えます。花の絵は、並びに着目すると「4×3」に、色に着目すると「3×4」になります。だから、実際の授業では、子ども達は、どの式と一致するか真剣に考えました。つまり、子どもの関心がゲームから算数そのものの問題意識に向かっていったわけです。

クイズで始めるときのポイント

　クイズで始める授業の場合も、ゲームと同様に全員が参加しやすいという特徴があります。そして、やはり子どもの問題意識を生み出すことを意識してしかけなければいけません。

　例えば、右図は4年生の「垂直と平行」の授業で使った「あるなしクイズ」です。「ある」「ない」の図形を一つずつ交互に見せていきながら、「ある」のグループに共通することを考えさせました。一番目の図形を見た段階では、多くの子どもは

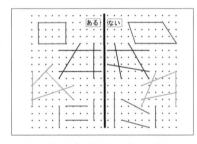

「長方形」の仲間だと思っていました。しかし、2つ目の図形を見ると、「長方形」という考えを変えざるを得ません。子どもは「直角」がある仲間だと考えを修正しました。そして3つ目を見て「直角」に確信を持ちました。ところが4つ目を見て、また揺らぎます。この揺らぎこそが子どもの問題意識であり、思考の「課題」（めあて）となります。つまり、このクイズで子どもの問題意識を生み出すしかけとなっているのは、見せる図形の設定と図形を見せる順番です。だから、それを決める教師の教材研究が重要になってきます。

算数の授業づくり編

25 教材の見せ方の工夫にはどんなものがあるの？

フラッシュ効果の活用

　ここでの「フラッシュ効果」という言葉は，「見せる」「隠す」ということを瞬間的に行うという意味で用いています。

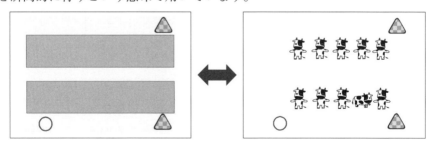

　例えば，上図の教材の場合，瞬間的に絵を隠したり見せたりすることで，上下の絵の違いに着目させるようにしています。隠れているものを見てみたいという意識が子どもに集中力を高めさせるとともに，見るべきポイントを意識させることにもなります。いろいろな教材で活用できる見せ方です。

全体ではなく一部分だけを見せる

　図形の教材や数を数える教材などで,教材全体を見せるのではなく,一部分だけを見せる方法があります。

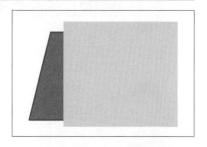

　図形であれば,右図のように封筒から図形を少しずつ見せて,その図形の特徴をとらえるためにどこの構成要素に着目すればよいかということを考える契機とします。

　また,右図のようにかけ算を用いて数を数える教材の場合も,部分的に見せていくことで,どこの部分の数がわかればよいかということを子どもが考えるようになります。

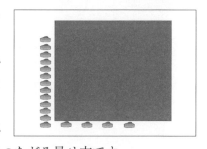

　視点を絞る見方を意識づけ,教材中の必要な情報を見つける力の育成を図ることにつながる見せ方です。

 ## アップとルーズの活用

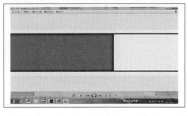 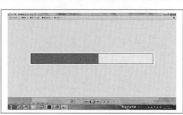

　上図は5年生の割合の導入で用いた教材です。同じ教材ですが,アップ（拡大）とルーズ（縮小）になっています。これはピンチインやピンチアウトが簡単にできるICTだからこその教材の見せ方です。例えば,最初に教材をアップで見せ,見るべき情報を意識させた後でルーズの教材を見せるような使い方をします。

発問・問題提示

算数の授業づくり編

26 黒板に貼るものはどういうもの？

「それでは今日のまとめです！」

「準備しておいた貼り物を貼って，と……」

「なんだ，ゴールは決まってたんだ……」

 黒板に貼るものを使う理由と配慮すべきこと

　研究授業になると黒板に貼るものが増えるという話を聞いたことがあります。それはなぜでしょうか？　見栄えをよくするためでしょうか？

　例えば，文章問題を書いた紙を貼る授業があります。なぜ貼るのでしょう。もし時間短縮が理由ならば，後述するワークシートと同様に教師の都合です。文章問題は教師が子どもと一緒に書くことが基本です。子どもに文章を書く速さを意識づけたり，内容をしっかり読み取らせようと考えれば，貼る必要はないですし，貼ることがかえって害になります。

　子どもの立場から考えると，黒板に貼るものの中にはさらにひどいものが存在します。それは，事前に書かれている授業のまとめが貼られることです。それまで一生懸命考えていたゴールが最初から用意されているのです。子ど

もにしてみれば裏切られたような気持ちになります。

　同様に，事前に書かれた本時のめあて（課題）を書いた紙を貼るのも問題です。なぜなら，その課題は教師が設定しているめあて（課題）であって，子どもが抱いためあて（課題）ではないからです。授業のめあてを子どもが持つからこそ，算数の主体的な学びが成り立ちます。このような誤っためあて（課題）のとらえを子どもに見せている間は，決して主体的な学びなど成立しません。

　逆に，黒板に貼ってよいものの一つは，図形の素材やグラフです。ワークシートと同様に共通の素材でないといけない場合に使います。ただ，そのときに下図のように紙の中に描かれた図形（余白がある）を貼るのか，それとも図形を切り抜いたものを貼るのかを授業の目標と照らし合わせて使い分ける必要があります。詳細は図形教材の項目（132〜133ページ）で述べます。

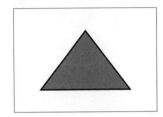 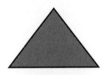

　もう一つは，白紙のカード類を黒板に貼って使うと効果が上がる場合があります。私の教室にはサイズが異なる数種類のカードを常設しており，必要に応じてそれらを使い分けます。白紙である意味は，授業中に現れた子どもの生の考えを書くためです。カードを使うのは，それらを並び替えたり，分類したりすることに価値がある場面です。つまり，カードが子どもにとって操作する対象となる場面です。黒板に貼る図形も，仲間分けをするような場面では操作する対象となります。だから，カードを動かすのは子どもです。教師が動かしてしまっては意味がありません。例えば，教師が意図してカードを黒板上にバラバラに貼ってみると，子どもの方からカードを整理したい，並び替えたいと言い始めます。日頃から，子どもが黒板のところに出てくる習慣づけも大事にしたいものです。

算数の授業づくり編

27 黒板に書く内容で気をつけることは？

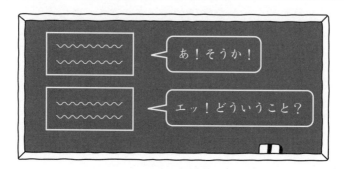

私の意見が書かれたよ，嬉しいな。

黒板に書くのは子どもの考え

　前項では黒板に貼るものについて紹介しましたが，必要でなければ，例え研究授業であってもチョークで書くだけで授業をします。それだけ黒板に書くということは，授業を支える大事な要素なのです。

　では，黒板に書く内容はどのようなものでしょうか。

　まず，文章問題はチョークで書きます。子どもがしっかり読み取れるように書く速さや書き取らせ方を工夫する必要があることは前項で述べました。文章問題に限らず，本時で扱う問題や活動を示す場合にも，具体物を用いる場合以外は，通常，黒板に書いて示します。これらの書く内容は，教師が授業前から用意していることです。しかし，これ以降に黒板に書く内容は，教師が準備している内容ではなく，基本的に全て子どもの考えです。当然，教

師は板書計画を立てていますが，計画通りそのまま書くのではないということを確認しておきます。板書計画は子どもの反応の予想であって，実際の反応と一致しません。黒板に書くのは，授業場面に現れた子どもの本当の言葉を書くのです。よく目にするのが，子どもの言った言葉を解釈して自分なりに整った言葉に変えて板書している教師の姿です。子どもにしてみれば，「自分はそんなこと言っていないのに……」という気分になります。だから，私は，例えば，方言で発言した考えならば方言通りにそのまま書きます。教室内が和やかな雰囲気になるとともに，言った子どもは自分の言葉が黒板に書かれたということをはっきり認識し，喜んで笑顔になります。教師が解釈すると，子どもがまだ言っていない内容にまで踏み込むことがありますし，子どもの言葉の微妙なニュアンスの違いが消されたりします。この違いがあるからこそ，他の子どもの素直な反応も現れるのに，教師が解釈してしまうとそれが出なくなってしまいます。

　特に私が板書するときに意識している子どもの言葉は，子どもの素直な問題意識の表現です。「エッ，どうしてそうなるの？」とか「あれっ！　また同じだ！」というような自然な反応こそが，その時点での子どもの素直な問題意識を表しています。これがその段階での子どもの「めあて」なのです。めあては子どもの表現のままに教師が黒板に記述するのが基本です。1時間の授業の中でも，子どもが問題意識を持つ場面は何度もあります。子どもの問題意識は授業の進行とともに徐々に変容していくのですが，それをしっかり板書できることが大事です。

　さらに言えば，私は子どもの言葉を黒板に書くことを基本としていますので，子どもがつぶやいた何気ない言葉も板書します。その典型は感嘆詞です。「エッ！」「アレッ？」「アー！」「なるほどね」……というような言葉を，子どもは無意識に発しています。だから，そのまま板書すると，子どもは自分自身の気づきを振り返るようになります。ただし，これらは計画的なモノではなく偶然性に依存していますので，板書計画では対応できません。だから漫画のセリフのように吹き出しで書くようにしています。

算数の授業づくり編

28 黒板に書くチョークの色の使い分け方は？

チョークの色に意味を持たせる

　算数の板書も白のチョークで書くのが基本です。それに赤色や黄色の色チョークを部分的に使うのが一般的なイメージでしょう。

　一般的に，赤色のチョークは重要なこと，強調したいことを書いたり，囲んだりするときに使います。よく使うのは授業のまとめの場面であり，新しく学習した数学用語や公式，定義を印象づけるようにします。

　黄色のチョークも子どもに意識させたい言葉を強調する目的で使われることが多いです。私の場合は，子どもが自らの問題意識を表現したときに，子どもの言葉通りに黄色で書くようにしています。授業の終了時点で板書を見ると，黄色で書かれた子どもの問題意識が目立つとともに，1時間の授業の中で問題意識がどのように深まっていったのかがはっきりとわかります。

いずれにせよ，それぞれのチョークの色に意味を持たせ，学級の中で共通理解するようにします。授業中の教師の気分で適当に色チョークを使ったり，逆に白のチョークだけで板書したりするようなことは避けたいものです。

算数だからこその色の使い方

色には，一目で同じ色，違う色ということがわかるという視覚的な効果があります。算数の授業には，このような色の特性を効果的に活用できる場面がたくさんあります。

①図形の構成要素の対応関係の視覚化

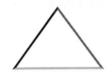 

例えば，合同な図形での対応する辺を同じ色でなぞるような場面です。拡大図や縮図も同様です。また，展開図で向かい合う面に同じ色をつけるような方法もあります。これは，紙で作った教具にフェルトペンで書くときにも意識したいものです。

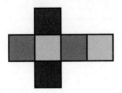

②式の見方に対する意味づけ

5×3.14＋8×3.14＋7×3.14＝（5＋8＋7）×3.14

式の中の数に色をつけると，式がどのように変化しているのか一目でわかります。また，面積の授業で図形中の長さと式の中の数を同じ色で揃えて，図形と数の対応をはっきりさせるような使い方もあります。対応を明確にするために色は積極的に使いたいものです。

算数の授業づくり編

29 算数の板書レイアウトの基本型は？

3つに分けようかな？
4つに分けようかな？

 黒板のスペースを分けて書く

　文章を横書きする算数の板書では，黒板の左から右に書いていくことが基本となります。しかし，ただ左から右に書けばよいということではありません。意識すべきは，黒板のスペースを分けて，書く内容を位置づけるということです。その基本型は次の2つです。

①黒板を大きく3つに分けて書く

日付	めあて	まとめ
問題	考え方（解決方法）	
		適用問題
見通し		

このレイアウトは算数の板書の基本型です。多少の違いがあるにせよこれと似たレイアウトの板書がいろいろな学校で使われています。問題解決型の授業展開に則った板書なので，形を整えやすいというよさがあります。「めあて」を教師目線の言葉で書き，板書の中央には子どもの考え方が書かれた複数の画用紙やホワイトボードを貼るような板書です。このレイアウトを算数の板書の基本形ととらえてもよいでしょうが，決してゴールではないということを意識したいものです。既に述べてきたように，板書も子ども目線の書き方に変えていくことを目指したいものです。

②黒板を大きく４つに分けて書く

日付	初期のめあて	深まっためあて	まとめ
問題	考え方 （解決方法）	考え方 （解決方法）	（さらに追求したいめあて）
見通し			追求したい問題

　子どもの問題意識を大事にした問題解決の授業では，黒板を４つに分けることを基本とします。それは，「めあて」にあたる子どもの問題意識が１時間に１つだけではなく，授業の中でも変わっていく（深まっていく）ととらえているからです。 初期のねらい ⇒活動⇒ 深まったねらい ⇒活動⇒ まとめ（さらに追求したいねらい） という流れに従うと，黒板のスペースを少なくとも４つに分けてレイアウトを考えないと板書が整理できません。

　色チョークの使い方の項目で述べた黄色で書く問題意識は，この板書の 初期のねらい 深まったねらい さらに追求したいねらい にあたります。具体的な授業で生まれる問題意識は３つと決まっているわけではないので，もっと増える可能性もあります。しかし，黒板に書く文字のサイズを考慮すると，４つに分けるのが限界です。めあては子どもが表現した通りに書くことを大事にするとともに，子どものつぶやいた言葉を吹き出しを使って書き加えていくことで子どもに寄り添った板書になっていきます。それは，学びに向かう力を育てる板書と言ってもよいでしょう。

算数の授業づくり編

30 算数の板書レイアウトの応用編は？

> この形だと，クラスの子たちには少しむずかしいかもな。
>
> こっちの形なら理解が進みそうだ！

対比することを大事にした授業の板書

　前項の板書の基本型は，1つの問題解決を授業の基本とする場合に用いるわけですが，算数の授業内容によっては全く違うレイアウトで板書を書くと学習効果が上がる場合もあります。

　それは，1時間の授業の中で複数の問題解決を行う授業であり，それらを対比することで授業の目標に迫るような場合です。対比を意識した板書レイアウトにも次の2つがあります。

①黒板の左右で対比する板書

　例えば，2つの都市の気温を調べた折れ線グラフの読み取りをする授業では，2つの折れ線グラフを左右に並べて対比することになります。そのとき，めあてや考え方，そしてわかったことをあえて黒板の真ん中に書くのです。

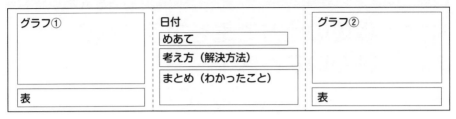

このレイアウトは、グラフの対比場面に限ったものではなく、次のように文章問題でも全く異なる解決方法を対比するために使ってもよいでしょう。

② 黒板の上下で対比する板書

黒板の上下で対比すると効果的なのは、例えば、表をもとに変わり方の違いを比べるような授業です。比例と反比例の変わり方の違いを扱う授業では、特に効果的です。

上下で対比する板書は、表に限ったわけではなく、横長の素材であれば使えます。長さの比べ方について考える授業で、直接比較や間接比較、任意単位による比較という考え方の違いを整理するとき、素材を上下に３つ並べるレイアウトになります。結局、素材や授業展開に応じて板書のレイアウトを工夫しようとする教師の姿勢が大事なのです。教材研究のときに教材にふさわしい板書計画をしっかり検討しておきたいものです。

算数の授業づくり編

31 板書の仕方で気をつけるべき細かいことは？

 定規を使う場面

　算数の授業ですから，板書でも定規を使ってかく機会があります。しかし，直線をかく場面であればいつでも使うというわけではありません。
　定規を使うのは，子どもに定規をどのようなときに使うのかということを指導する目的がある場面です。具体的な授業場面をもとに整理してみます。
【板書で定規を使う場面】
○黒板に書いた文章問題を本時の問題と位置づけるために囲む線
　ノートづくりの指導の一環として，写した問題をすばやく丁寧に直線で囲む習慣づけをねらっています。だから，定規を使ってノートの問題を囲む習慣ができた段階では，必ずしも板書上の問題を定規で囲む必要はありません。逆に，教師であれば定規を使わずとも黒板上で真っ直ぐな線がかけるようでなければいけません。

○筆算の線

　教師が黒板に筆算を書くとき，50cm程度の長さの短い定規を使います。それは，子どもがノートに筆算を書くときに定規を使って書く習慣づけを図ることで，丁寧に書いて計算ミスをなくすことがねらいです。そのモデルとして定規を使うわけです。

○数直線，表，図

　数量の関係を表す算数の道具である数直線，表，グラフを黒板に描く場面でも定規を使います。子ども達のノート指導という点では，特に，数直線の目盛りの間隔をしっかり揃えることを意識づけます。

 定規を使わない場面

　一方，直線をかく場面なのに，黒板上で定規を使わない場面が存在します。それは，子どもが黒板上に書く場面です。

【板書で定規を使わない場面】

○子どもが黒板に書く筆算

　黒板に子どもが筆算を書く場面では，私は定規を使わせません。子どもには黒板上に定規を使って直線を描く技能が伴っていないからです。ただし，フリーハンドですが，なるべく真っ直ぐ書くように声掛けします。

○子どもが説明する場面で用いる図

　子どもが黒板のところにやってきて自分の考えを伝えようとするとき，黒板上に図を描いて説明しようとすることがあります。しかし，このような場面で図を描くときには，子どもに定規を使わせません。筆算と同様に技能上の問題があることも理由の一つですが，それとは別の理由があります。

　子どもが説明の補助として描く図は，自分自身の見方・考え方のイメージを表現しようとしている図です。そこには正確さが必要なのではありません。その子どもの見方・考え方に対する周りの子ども達の共感が得られるようにしてあげることです。だから，子どもが自然体で素直に考えが表現できる環境を整えるために定規を使わせないのです。

算数の授業づくり編

32 算数授業でICTを使う効果は？

 算数授業におけるICTの効果と活用する目的

　算数科の授業におけるICTは，子どもの問題解決を支援するツールであるというとらえで活用することが大事になります。

　例えば，問題場面に対する子どもの興味・関心を引き出したり，問題に対する理解を促したりするためのICTの活用が考えられます。結果的に，子ども自身の問題意識を誘発する効果も期待できます。

　また，試行錯誤する体験を保障する手段としてICTを活用するのもよいでしょう。

　さらに，思考過程を再現し，個々の考えを共有する手段としてもICTは効果的です。個々の子どもの思考過程はそれぞれ保存できるので，子どもの学びを評価する手段としてもICTを活用することができます。

整理すると，次のようになります。

> ① 問題場面を視覚化 し，何が問題なのか具体的にイメージできるようにする。
> ② ICT だから可能となる視覚効果によって子どもの 思考を焦点化 し，子どもの問題意識を誘発する。
> ③ 繰り返し再生可能という ICT の再現性 を活かして，学習の定着を図る。
> ④ 試行錯誤することが容易 であるという特性を活かし，子どもが失敗を修正する体験を保障する。
> ⑤ フィードバックしやすい という ICT の特性を活かし，個々の子どもの思考過程を友達同士で共有したり，個人の学びの足跡を蓄積して評価したりする。

ICT を活用してはいけない算数授業場面

　ICT を活用した授業では，アナログの授業に比べて視聴覚情報が飛躍的に増えます。しかし，目標を達成するために行っている算数の授業では，何でも情報を与えればよいというわけではありません。

　例えば，計算や作図のような技能指導の場面では，手順や方法を具体的に示すことができるので効果的です。でも，使いすぎると教え込みになる危険性があります。技能を指導する場面でも，そのポイントを子どもに気づかせ，価値づけるような ICT の使い方が求められます。子どもの想像力や思考力を刺激するためには，あえて提示する情報の量及び質に制限を加えることで算数授業の目標を達成させることもあります。

　また，長さや重さ，面積，体積の量感覚など，アナログでなければ学ぶことができないものに ICT を用いてはいけません。なぜ，ICT を用いるのかという理由及びその目的を，教師は授業設計の段階で明確にしておく教材研究の深さが求められます。

算数の授業づくり編

33 算数授業における具体的なICTの使い方は？

教材提示の手段としてのICT活用

ICTの活用場面の一つは教材提示です。例えば，次のような方法があります。
○文章問題の場面を，ICTを活用しパラパラ漫画やアニメーションで提示して視覚的かつ具体的にとらえられるようにし，問題解決に必要な情報を精査させるようにします。
○「隠す」「見せる」が容易にできるICTのフラッシュ効果を活用し，子どもの集中力を高めるとともに，隠されている教材の中でとらえるべき情報の焦点化をはかります。同時に，算数として学ぶべき価値に対する問題意識を引き出すようにします。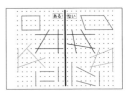

技能の手順を確実に伝え習熟を図る手段としてのICT活用

ICTを使って作図の過程や筆算の計算の手順を再生しながら確認し，習

熟を図ります。電子黒板で技能の手順を大きく提示して学級全体で確認したり、個々の子どもの目的意識に応じて個別にタブレットで繰り返し再生したりすることで確実に技能の定着をはかっていきます。

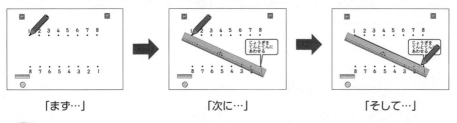

「まず…」　　　　　「次に…」　　　　　　　「そして…」

試行錯誤する活動を保障する手段としてのICT活用

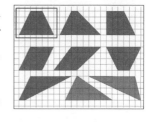

タブレットを用いると，具体物を使った操作以上に簡単に試行錯誤できる環境が用意できます。タブレット上にある操作対象は常に画面内に収まっているので，子どもは操作に集中することができます。また，失敗しても一手前に戻ったり，一気に最初の状態に戻すなど簡単にやり直すことができます。

そのうえ，自分でいろいろ試したことを随時保存することもでき，後で試行錯誤した過程を再生することもできます。そのため，学びの足跡を振り返ったり，友達の考えと比較したりすることもできます。

さらに，「デジタルペン」を使うと，専用紙に書いたことがそのままタブレットに現れ，個々の子どもが記述した内容及び学習履歴が蓄積されます。また，デジタルペンで書いた過程が時間経過に従ってアニメーションのように再生できます。

これまでのアナログ授業では，子どもが考えた結果を検討対象としていましたが，ICTを活用すると考えていく途中の様子までもが検討対象となってきます。そして，子どもが自分自身の思考過程に対する「振り返り」を効果的に行うこともできます。

算数の授業づくり編

34 算数のワークシートを使うときに気をつけることは？

ノートに書かせると時間がかかるから，ワークシートを使っちゃおうっと……

ワークシートを使う場面とその理由

　子どもの手元にはノートがあるにも関わらずワークシートを使っている授業を目にします。当然，私も使ったことがあります。ワークシートを使うのには理由があります。ノートではできないからワークシートを使うのです。逆に言えば，ノートでできることはワークシートを使いません。

　子どもにノートに書かせると時間がかかるのでワークシートを使うということを聞いたことがありますが，私はこの考えには反対します。これは教師の都合です。例えば，文章問題をワークシートに印刷して配布するのはその一つの例です。子どもにとって文章問題をノートに書くことは，文章をじっくり読む機会を保障するという価値があるのに，時間短縮という教師の理由でワークシートを配ってしまうと，子どもにとって価値ある学びを奪ってし

まいます。ワークシートは子どもにとって必要感があり，算数の学びにとって価値がある場合に使うものです。

　私は，例えば図形の授業でワークシートを使います。なぜなら，共通の図形をもとに図形の学習をしないと，図形を見る視点が揃わないからです。つまり，学習対象となる素材の提示方法としてワークシートを用いるわけです。子ども達に共通の素材を与えるということで言えば，表やグラフもそうですし，十進位取り記数法の学習場面で数を数える対象となる図もそうです。子どもは，これらのワークシートに書き込んだり，折ったり，切ったり……と，文字通り作業するシートとして使うことになります。

　逆に，揃えないことに価値がある場合には，図形であってもノートや白紙にかかせます。例えば，5年生で三角形の内角の和を扱うような場面です。一人ひとり違う三角形の内角の和を調べるからこそ，帰納的に180°であることがわかってきます。共通の一つの三角形を調べても意味がありません。

ワークシートのデザインで注意すべきこと

　ワークシートを用意するとき，デザイン面での配慮が必要です。

○授業展開が想像できないようにする⁉

　ストーリー性を持たせたワークシートはダメです。教師が予定している流れに沿ってデザインされているので，ワークシートを見た瞬間，本時の授業展開が子どもにも想像できます。結末が見えていることを学んでも，子どもはつまらないに決まっています。そのうえ，実際の授業で現れた想定外の子どもの反応にも対応できないという弱点もあります。

○1枚のワークシートに同じ素材を複数印刷するのはダメ⁉

　多様な方法で解決できるように複数の素材を印刷したワークシートを用いがちですが，これでは子どもに複数の解決方法があるということを教えてしまっています。私は，あえて1枚のワークシートには素材を一つだけ印刷します。別の方法に気づいた子どもは自分から新たなシートを取りに来ます。主体的に他の方法を考えようとする姿が周りの子どもを刺激します。

算数の授業づくり編

35 計算に関する知識・技能の定着をはかるための方法は？

 ドリルや問題を解くことだけが定着方法ではない

　計算に関する知識・技能の定着というと，ドリルや問題集の問題を解くということが思いつきます。確かにそれも大事なことです。しかし，それだけが定着をはかる方法ではありません。特に計算に関する知識の定着という点では，教科書や問題集の問題を解くと，知識を用いた結果は現れますが，知識そのものの定着が十分にはかられるとは言えません。

　具体的に述べます。例えば，「18÷6＝3」という計算技能は，ドリルでも練習できますし，「18個のみかんを6人で等しく分けます。1人分は何個になるでしょう」という文章問題でもわり算ができるかどうか確かめられます。しかし，これだけでは「18÷6＝3」というわり算の意味，つまり等分除と包含除の意味理解が確実にできているとは限りません。

そこで，例えば「18÷6＝3」になる絵本を作らせてみます。

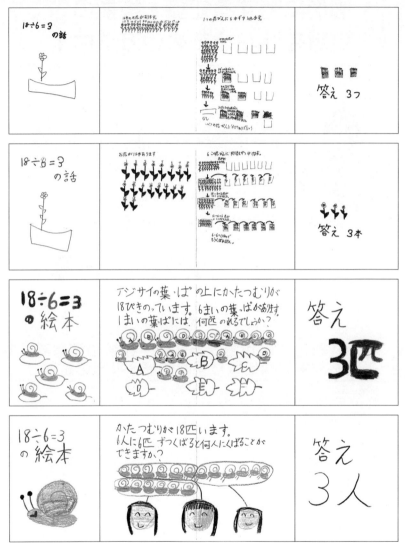

このように「18÷6＝3」にあたる等分除と包含除の絵本を同じ素材で作らせると，意味の違いに対する理解が確かなものになります。子どもも自分が好きなものを素材として作るので楽しみながら取り組めます。

算数の授業づくり編

36 図形に関する知識・技能の定着をはかるための方法は？

 指示されたことができる知識・技能の定着ではなく，子どもが主体的に取り組む知識・技能の定着

「半径3cmの円をかきましょう。」
「辺の長さが4cmの正三角形をかきましょう。」

例えば，このような問題に対して，正しく作図できるようになることは知識・技能の定着として必要なことです。しかし，やっている当の子どもは決して楽しくありません。

そもそも知識や技能の定着の場面に楽しさを求めること自体，不必要なことだと思われている方がいらっしゃるかもしれません。しかし，私は，そういう思い込みを疑うことが大事だと思っています。子どもが楽しみながら活動しているうちに，しっかりと知識や技能が身につくようなことを工夫しなければならないと考えます。

例えば，学習した知識や技能を活用した模様作り，作品作りは，子どもも楽しんで取り組みます。作る子どもの個性も現れますし，自分が決めた図形をたくさん作図するので確かな技能が身についていきます。

六角柱の展開図

円柱の展開図

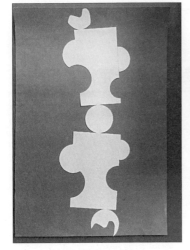

円柱の展開図

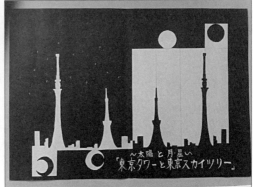

四角柱の展開図

　子どもが楽しめるような目的を設定し，子どもが目的を達成するために知識・技能を活用する場をつくるという発想は，いろいろな活動で使えます。

算数の授業づくり編

37 数学的な見方・考え方の定着を意識したまとめのあり方は？

数学的な見方・考え方は，使うことで定着する

　数学的な見方・考え方は，知識ではありません。だから一方的に伝達するという方法で定着を図ることができないわけです。では，どうすれば定着がはかれるのでしょうか。

　やはり，数学的な見方・考え方は使っていく中で定着します。そのため，次のようなことに気をつけて授業をしていきます。
①思考の「課題」を明確に位置づける
　思考の「課題」とは，授業中に現れる子どもの問題意識のことです。それは，１時間の授業の中でも移り変わっていきます。この移り変わりの節目で機能しているのが数学的な見方・考え方です。だから，具体的な授業場面に現れた思考の「課題」を黒板に示すことが大事になります。子ども達にもノ

ートに思考の「課題」を書き記させることで，思考の道筋を意識づけるようにします。こまめにノートに書く習慣づけが重要だということです。

②思考の「課題」の変遷を振り返る

授業の終末場面では，その授業での思考の「課題」の移り変わりを振り返ってみます。特に，思考の「課題」が変わったきっかけが何だったのか，どうして新たな思考の「課題」ができたのかという理由を確認することが大事になります。それが，数学的な見方・考え方だからです。

このとき，いろいろな授業場面で共通して出てくる理由には次のようなものがあります。

　　○これ以外の場合でも使えるのかな？
　　○いつでも言えることなのかな？
　　○例外はないのかな？
　　○共通している（同じ）ことはないかな？
　　○だったら他にもないかな？

毎日の授業で継続的に繰り返し確認していく中で，これらの見方・考え方が自然と意識づくようになります。

③新たな思考の「課題」を生み出して終わる

思考の「課題」の変遷を振り返った後で，最後に「だったら，次にどんなことを試してみたい？」と問うことを習慣づけます。これは，「授業が終われば算数の学びも終わり」ということではなく，算数の学びはずっとつながっているということを意識づけることになります。学習したことを前提として，改めて思考の「課題」を意識づけることで，子どもは自分が身につけている数学的な見方・考え方を振り返ることにもなります。そして，個々が決めた新たな思考の「課題」を表出させると，学習内容に対する自分と友達との目のつけ所の違いがはっきりします。教師も子どもの実態を評価することができます。数学的な見方・考え方を鍛えるためには，毎時間の終末に，新たな思考の「課題」を記述させるような算数授業のまとめを意識したいものです。

算数の授業づくり編

38 「振り返り」とは何をすることなの？

 「振り返り」は授業の終末場面の形式ではない

　新学習指導要領では，「数学的な見方・考え方を働かせながら，日常の事象を数理的に捉え，算数の問題を見いだし，問題を自立的，協働的に解決し，学習の過程を振り返り，概念を形成するなどの学習の充実を図ること」と示されているように，学習過程の中での「振り返り」が重視されています。この「振り返り」という言葉を聞くと，授業の終末場面で学習したことを確かめるような活動がイメージできます。そこでは，振り返りシートのようなものが用意され，授業を通して自分が学んだことを書くとともに，新たに生まれた疑問やさらに追求したいことを書く子どもの姿が思い浮かびます。しかし，私はこのような形式化が望まれているのではないと考えています。形式化によって，子どもの素直な気づきとしての「振り返り」が消されてしまう

からです。子どもが自分の学びを素直に「振り返り」，新たな学びの方向性を見定められるようになることに意味があります。だから「振り返り」をもっと積極的にとらえたいものです。つまり，「振り返り」は1時間の授業の終末に1回だけ行うものではなく，授業の分節ごとに何度か意識させるものだととらえるのです。この「振り返り」は，その時点での思考対象の焦点化を促すものであり，子ども同士の対話を通して行うものだと考えています。

分節ごとの「振り返り」という視点で授業展開をモデル化する

授業の分節ごとに行う「振り返り」に着目すると，算数の授業展開は次のようにモデル化することができます。

①既習の自然な「振り返り」（初期の問題意識を誘発する「振り返り」）

新たなことを学習する導入場面では，既習を「振り返り」，既習と未習の境を明確にします。ただし，それは教師が「昨日は何を勉強しましたか？」と直接的に問うことでありません。これも一つの形式化であり，素直に「振り返り」を行おうとする態度が子どもには育ちません。子どもが既習を振り返らざるを得ないような問題提示の仕方の工夫をし，初期の子どもの問題意識を誘発することが大事なのです。

②新たな問題意識を誘発する「振り返り」

1時間の授業の中でも，友達の考えが刺激になったり，自分自身の見方・考え方が変容することで，子どもの問題意識は変わっていきます。そのときに行っているのが「振り返り」です。その時点での自分の学びを見つめ直している行為と言ってもよいでしょう。

③問題意識の焦点化を促す「振り返り」

問題解決に向けた問題意識が更に焦点化されるときにも「振り返り」が行われます。教材によって，その回数は異なります。

また，授業の終末場面で，新たな問題意識を誘発するような「振り返り」もあります。ここでは「振り返りシート」のような形式化を図るのではなく，教材に応じた柔軟な「振り返り」の方法を採り入れたいものです。

算数の授業づくり編

39 自分が行った授業を自分自身で評価する方法は？

えーと，それで……
つまり……

発問が練れていないから
余計な言葉が多いな……

自分自身の授業改善を目指す

　自分自身の授業改善を図りたいという思いは，教師であれば誰でも持っています。しかし，授業改善をしたいと思っているだけでは効果が上がりません。授業を改善するためにはそれなりの方法が必要です。まず第一にしなければならないのは，自分が実施した授業がどういう授業であったのかを評価することです。学習後に子どもに小テストを行って子どもの学習成果を確認する，あるいは授業の感想を子どもに書かせてみるという方法もありますが，これだけでは新学習指導要領で目指す資質・能力を育成する授業になっているかどうか把握することができません。やはり，自分の授業がどんな授業なのか自分自身で客観的にとらえることが大事になります。
　そのため，自分の授業を記録することから始めます。近頃のデジカメはと

ても発達していますので，録画することも随分楽になりました。さすがに毎時間の授業を記録するのは物理的にも大変ですから，週1回から始めましょう。とにかく客観的に自分の目と耳で授業を観てみるのです。授業者としての自分の癖も見えてきますし，子どもの声を聞きもらしていることや，子どもの反応を見過ごしていることにも気づきます。最初はとても辛いものです。しかし，この辛いと感じるところこそが改善点なのです。

　もし録画が大変ならば，ICレコーダーで授業を録音するだけでもよいでしょう。通勤の途中で音声を聞くだけでも，いろいろな発見があります。

　そして，自分の改善すべき点を1冊のノートに書く習慣づけができれば更に効果的です。書く中で授業者としての課題を明確に意識できますし，授業改善として自分が取り組んだことの成果もわかります。まさに「継続は力なり」です。

特に何に着目して授業を観るか，それは子どもの笑顔

　授業を分析するとき，授業者としての自分の言動に着目することも大事ですが，やはり，子どもの姿をしっかり観なければいけません。それでも資質・能力を見取るということはとても難しいと思います。だから，まず子どもに笑顔や笑い声が生まれているかどうかという視点で観るようにします。

　私は，どんな算数授業でも2種類の笑顔が必要だと考えています。一つは，安心感の笑顔です。算数授業という空間の居心地のよさを表しています。この笑顔がない子どもは素直な考えを表出しません。導入段階からどの子どもが笑顔になっているか，なっていない子どもは誰か，しっかり観ます。もう一つは，創造・発見した時に生まれる笑顔です。多くの場合，「アッ，そうか！」とか「わかった！」という感嘆詞を伴っています。この笑顔を体験した子どもが主体的に学びに向かう力を蓄えていくのです。だから，「この子に笑顔を生み出す」という目標を決めて授業を改善していくのです。

　これら2種類の笑顔は自分の授業評価をするうえで最も単純でわかりやすい算数授業の評価基準なのです。

算数の授業づくり編

40 算数授業の「問題」と「課題」は何がどう違うの？

問題　　課題

何がどう違うんだろう？
教科書に載っているのが問題？

 教師が与える「問題」は子どもの問題意識を誘発するためのもの

　一般的に算数の授業で「問題」というと，授業の導入場面で教師が提示するものを指します。それは，本時で学習する対象を子どもに文章や活動で示します。しかし，これまでにも述べてきたように，教師が提示した「問題」はそのままでは子どもにとっての問題になりません。子どもにとっての問題は，言い換えれば子ども自身が「はっきりさせたい」と思う問題意識です。だから，子どもにとっての問題意識が生まれていない状態の「問題」は，まだ子どもの外にあり，極端に言えば子どもにとってはどうでもいい「問題」なのです。

　だから，授業者は子どもの問題意識を誘発するような「問題」の提示の仕方を工夫しなければいけません。教科書にある問題をそのまま与えて，子ど

もに「考えましょう」と投げかけても，学びに対する子どもの姿勢は受け身のままです。そして，子どもが主体的に向き合っていくきっかけとなるような「問題」提示の仕方を考えることが前述した教材研究にもつながっていきます。なお，問題提示の具体的な工夫については，70～81ページに紹介していますので，ご参照ください。

問題解決に向かう子どもが抱いた問題意識そのものが「課題」

　まず，「課題」のとらえは，問題解決型授業と問題解決授業で異なっています。ここでは，そのことを整理しておきます。

　問題解決型授業では，「問題」を提示した後，解決への見通しを持たせた段階で，教師から「課題」が提示されます。そこでは，「～について考えよう」とか「～しよう」という文末表現が用いられます。つまり，教師が本時の授業で子どもに「させたいこと」を投げかけたものが「課題」となっています。だから，問題解決型の授業における「課題」は1時間の授業に一つ設定されます。学校現場によっては，この「課題」を「めあて」と言っているところもありますが，意味合いは同じです。

　一方，私が目指している算数の問題解決授業における「課題」は意味が異なります。私が「課題」ととらえているものは，子どもが自分で抱いた問題意識そのものです。問題解決に向かう子どもが自分自身に投げかける言葉，課した問題意識と言い換えてもよいでしょう。だから，問題解決型の算数授業の「課題」とは違って，1時間の授業の中に「課題」が何度か現れます。例えば，「エッ？」「あれっ？」といった感嘆詞も「課題」の一つですが，それが授業が進むにしたがって変容し，子どもにとっての「課題」即ち問題意識が深まっていくというとらえです。

　また，子ども問題意識そのものが「課題」ですから，黒板に書く課題の表現は子どもの言葉となります。感嘆詞はそのまま板書しますし，「～なのかな？」「～でいいのかな？」のような文末表現になります。決して教師の言葉を押しつけるような形にはなりません。

算数の授業づくり編

41 「課題」を設定するときに気をつけることは？

 思考の「課題」と活動の「課題」

　前項では，問題解決授業で大事にしている「課題」に対する私のとらえを紹介しました。ここではもう少し詳しく説明します。
　「課題」は問題解決に向かう子どもが抱いた問題意識そのものだと述べました。それは問題解決において子どもが思考していく上での「課題」と言えます。これは，その時点での子ども自身の「ねらい」です。一方の問題解決型授業で示される「課題」は教師の言葉です。それは教師の「ねらい」を示していると言えます。教師のねらいは授業の目標そのものですから，「今日の算数授業ではこの目標を達成しますよ」と投げかけているわけです。繰り返しますが，子ども自身の学びになるためには，子どもが問題意識を抱くことが大前提です。教師のねらいを押しつけても，子どものねらいにはなりま

112

せん。主体的な学びを支えているのは，子ども自身が抱いた「課題」（ねらい）なのです。

　ここで，次のような話を紹介します。

　問題解決型授業の課題を継続していった結果，授業の開始時に子ども達全員が一斉に手を挙げて，「先生，今日の課題（めあて）は何ですか？」と問う学習規律ができました。そして，その様子を参観した教師が「全ての子どもが授業に積極的に取り組んでいて，主体的な学びができていますね」と評価したという話です。

　さて，皆さんはこの話をどのように受け止めますか。この話の子ども達は，**積極的に受け身になっている**ということがおわかりでしょうか？　自分自身がめあてを持つのではなく，与えられるのを積極的に待っているのです。「学びに向かう力」が指す子どもの姿はこんな姿ではありません。

　ところで，私は，思考の「課題」とは別に，活動の「課題」を設けることがあります。例えば，「立方体の展開図をつくろう」とか「○○クイズをしよう」のように，本時で行う活動そのものを紹介することです。だから，これは教師の言葉です。何をやるのか子どもにはっきり伝えて活動する中で，思考の「課題」を子どもから引き出すようにします。

　当然，思考に関することは活動の「課題」にはなりません。特に，「きまりを見つけよう」とか「○○の秘密を見つけよう」という投げかけは絶対にあり得ません。思考の「課題」であるとともに，この言葉の内容自体がおかしいのです。

　「きまりを見つけよう」ということは，「きまりがあります」ということを子どもに伝えているのと同義です。きまりがあると思っていないところできまりを見つけるから子どもは嬉しいのに，その喜びを奪っています。また，「秘密を見つけよう」の方は，言葉自体が矛盾しています。秘密というものは秘密にしてあるから秘密なのです。にも拘らず，それを公に問うということは矛盾以外の何物でもありません。奇をてらった言葉で子どもを惹きつけようとすることで，言葉自体の意味を考えていない典型的な愚問です。

学習指導要領との関係

算数の授業づくり編

42 数学的活動って何？

 算数的活動 ⇨ 数学的活動

学習指導要領の記述の
意味合いを意識しよう！

 算数的活動から数学的活動へ

> 算数的活動を通して，数量や図形についての基礎的・基本的な知識及び技能を身に付け，日常の事象について見通しをもち筋道を立てて考え，表現する能力を育てるとともに，算数的活動の楽しさや数理的な処理のよさに気付き，進んで生活や学習に活用しようとする態度を育てる。

　これは，現行の学習指導要領の算数科の目標です。そして，この中にある算数的活動は「算数的活動とは，児童が目的意識をもって主体的に取り組む算数にかかわりのある様々な活動を意味している」と押さえられていました。
　一方，新学習指導要領では，算数科の目標は次のようになりました。

> 　数学的な見方・考え方を働かせ，数学的活動を通して，数学的に考える資質・能力を次のとおり育成することを目指す。
> (1)　数量や図形などについての基礎的・基本的な概念や性質などを理解するとともに，日常の事象を数理的に処理する技能を身に付けるようにする。
> (2)　日常の事象を数理的に捉え見通しをもち筋道を立てて考察する力，基礎的・基本的な数量や図形の性質などを見いだし統合的・発展的に考察する力，数学的な表現を用いて事象を簡潔・明瞭・的確に表したり目的に応じて柔軟に表したりする力を養う。
> (3)　数学的活動の楽しさや数学のよさに気付き，学習を振り返ってよりよく問題解決しようとする態度，算数で学んだことを生活や学習に活用しようとする態度を養う。

学習指導要領との関係

　そして，数学的活動に関して，**「数学的活動は，基礎的・基本的な知識及び技能を確実に身に付けたり，思考力，判断力，表現力等を高めたり，算数を学ぶことの楽しさや意義を実感したりするために，重要な役割を果たすものであることから，（中略）数学的活動を通して指導するようにすること」****「数学的活動を楽しめるようにする機会を設けること」**という記述があります。

　これらを見ると，算数的活動の「算数」が，「数学」に変わって数学的活動になっただけのように思えます。どちらも手段であり，目標です。詳細な意味づけはまだ公開されていませんが，解説書に具体的に示されることでしょう。ただ，「（前略）**資質・能力の育成に向けて，数学的活動を通して，児童の主体的・対話的で深い学びの実現を図るようにすること」**とあるように，単なる操作的な活動や体験的な活動という意味づけではないことは明らかです。確かに算数的活動には「活動すればそれでよい」というような誤ったとらえもありました。数学的活動では，数学そのものをつくっていく活動という意味合いを意識することが大事になってくるでしょう。

算数の授業づくり編

43 数学的に考える資質・能力とは？ ①知識・技能

今の表現，とてもいいですね！

そうか，こうやって算数の言葉を使うといいんだね！

　新学習指導要領の目標には，「数学的な見方・考え方を働かせ，数学的活動を通して，数学的に考える資質・能力を次のとおり育成することを目指す」という表現とともに，3項目に分けてそれらが書かれています。
　ここでは，「数学的に考える資質・能力」について，既に中央教育審議会が示していた資質・能力の3本の柱の観点から迫ってみます。

(1)　数量や図形などについての基礎的・基本的な概念や性質などを理解するとともに，日常の事象を数理的に処理する技能を身に付けるようにする。

何を知っているか，何ができるか（個別の知識・技能）

　資質・能力の一つは，いわゆる知識・技能を指しています。

①算数の言葉って便利だな！

「数字を反対にして……」⇔「十の位と一の位の数字を入れ替えて……」，前者は生活言語による表現，後者は算数の用語を用いた表現です。概念が明確な算数の用語を使うと相手に確実に情報を伝えることができます。算数の用語が自分の言葉として自然に使えるよさを感得できるようにしたいものです。

そのためには，子どもの言語で概念形成した後で，教科書の表現と対比させてみる，子どもが算数の用語を使った瞬間を的確に褒める，説明する場面で指示語を使わないように気をつけさせるといったことが大事になります。

②最初から組み立て直してみよう！

算数の知識の多くは単なる記憶ではありません。他の知識との関連が強く，仮に忘れたとしてもつくり直すことができます。例えば，かけ算の筆算。単なる手続き的知識として記憶している子どもは，手順を忘れると再生できませんが，分配法則や部分積の考え方を理解している子どもは，手順に詰まっても，原点に戻って再生させることができます。

知識や技能を獲得するまでの文脈（エピソード記憶）を大事にした授業展開や，子ども達一人ひとりに筋道立てて知識を組み立てていく体験を保障することを意識したいものです。

③いろんな方法でできるな！　いろんな方法で表せるな！

例えば，「25×12」の計算。これを筆算でしか計算できない子どもにしてはいけません。目指すべきは，「$25 \times 4 \times 3$」「$25 \times 2 \times 6$」……のように，数値によって方法を使い分けられる，使える技能の幅がある子どもです。このような柔軟さは，図形領域の学習でも大事になります。

また，算数の言語である式，数直線，図，表，グラフ等が的確に使えることも大事な資質・能力としての技能です。授業の中で多様な解決方法の存在を意識させるとともに，目的に応じた表現方法の選択を意識させる中で，数理的に処理する技能が定着していきます。また，子どもが用いた表現方法を肯定的に評価することで，算数の言語のよさを意識づけていきます。

算数の授業づくり編

44 数学的に考える資質・能力とは？
②思考力・判断力・表現力等

> (2) 日常の事象を数理的に捉え見通しをもち筋道を立てて考察する力，基礎的・基本的な数量や図形の性質などを見いだし統合的・発展的に考察する力，数学的な表現を用いて事象を簡潔・明瞭・的確に表したり目的に応じて柔軟に表したりする力を養う。

知っていること・できることをどう使うか（思考力・判断力・表現力等）

「数学的に考える資質・能力」の2つ目は，これまでも大事にされてきた「思考力・判断力・表現力等」にあたります。

①見方を変えると同じだね！

一見すると異なって見えるものを，視点を変えて「同じ」だととらえ直す統合化の考えを機能させている子どもの姿です。例えば，平行四辺形，台形，三角形の面積の求積公式を学んだ子どもが，形式が異なるそれぞれの公式に対して，どれも底辺と高さを用いて求積しており，見方を変えると同じ考

方でできているということに気づくような姿にあたります。
②いつでも言えるのかな？
　複数の情報から帰納的に見つけた共通する「きまり」（規則性等）がどんな場合でも通じるかどうか探ろうとする姿は，算数科で育てたい大事な資質・能力の一つです。これは，いわゆる一般化を図る思考を表しています。また，見方を変えると，反例を見つける思考にもつながっていきます。
　「きまり」の存在を前提としていない素直な子どもだからこそできる思考ですから，教師の場面設定の仕方が大事になります。
③だったら，こんな場合でもできるかな？
　一つの問題解決を通して得られた知見が，他の場合でも成り立つかどうか検討しようとする子どもの姿です。これは，類比的に推論しながら発展的に考察しようとしている子どもに見られます。教師は，算数の世界を拡げようとする子どもの気づきや態度を褒めるとともに，発展性のある授業展開を心がけることを大事にしなければいけません。
④何か使えるもの（考え）はないかな？
　問題解決方法を自らの意思で選択しようとする子どもの姿です。例えば，前時の復習場面を設定し，本時で用いる考えを事前にお膳立てするような授業だと，問題解決の方法を自分で決める力が育ちません。子ども自身が悩む体験に価値があるということを意識した上で授業展開を工夫したいものです。
⑤まず，次に，そして……
　段取りや手順を意識して，自分でわかることから考えを積み上げていこうとする子どもの姿です。このとき，順序を判断する過程で，「〜すれば〜になるから……」という筋道立てて考える力も身につけていくことになります。
⑥どう表せばいいのかな？
　考えを整理する，考えを相手に伝える……という目的に応じて，わかりやすい表現を検討する姿が，「簡潔・明瞭・的確」「柔軟」に表そうとする姿です。特に，式，数直線，図，表，グラフ等の使い方がカギになります。

算数の授業づくり編

45 数学的に考える資質・能力とは？ ③学びに向かう力，人間性等

(3) 数学的活動の楽しさや数学のよさに気付き，学習を振り返ってよりよく問題解決しようとする態度，算数で学んだことを生活や学習に活用しようとする態度を養う。

どのように社会・世界と関わり，よりよい人生を送るか（学びに向かう力，人間性等）

「数学的に考える資質・能力」の3つ目は，資質・能力の3本の柱のうち「学びに向かう力，人間性等」に対応したものです。特に，数学的活動の楽しさや数学のよさに気づくことが，問題解決しようとする態度や生活や学習に活用しようとする態度を養うことのもとになっていると読み取れます。言い換えれば，算数で「学びに向かう力」のもとになるのは，数学的活動の楽しさや数学のよさに気づくことだということです。

また，「学習を振り返って問題解決しようとする態度，算数で学んだことを生活や学習に活用しようとする態度を養う」とあるように，「学びに向かう力」を育むための方法として「振り返り」が重視されていることも興味深いところです。
　ただ，振り返る対象は子どもの学び方の質によって変わってきます。そこで，以下には「学びに向かう力」を育む上で意識したい子どもの姿を示すことにします。

①エッ，どういうこと？
　子どもが自らの問題意識に気づき，未知の問題に立ち向かうことを楽しもうとする姿です。そのためには，問題は自分の外にあるものではなく自分が感じ取ったり生み出したりするもの，つまり問題は自分の中にあるということを子どもが感得することを重視した授業が求められます。

②どのように考えたのかな？
　友達が発言したことや，式，図，表，グラフ等に対して，その意図や目的等を自分なりに解釈しようとしている子どもの姿です。そこでは，友達の考えに対する共感の感情が生まれたり，自分の考えとの差異が明確になったりします。
　また，このような解釈は，友達のひらめきや発想を追体験することにもなります。お互いの考えを尊重し合えるような人間性も求められています。

③答えを言わないで！
　問題の解決方法に関する他者の情報を安易に受け入れない子どもの姿です。しかし，悪意があるのではありません。自分自身の力で納得できる解を見出そうとする態度を意味しています。これは，問題解決に向けて諦めずに粘り強く向き合っている子どもの姿でもあり，文字通り「学びに向かう力」が発揮されています。逆に言うと，このような子どもは自分自身の力で問題解決をする楽しさ，喜びを体験したことがあります。だからこそ，自分がまだ答えを見出せていない段階で安易に答えを言われることをつまらないことだと感じ，拒んでいるわけです。

算数の授業づくり編

46 「深い学び」ってどのようにとらえればいいの？

よし，ここは深く学ぶための大事なポイントだ！「決め」させよう！

〜つまり，どういうことですか？

子どもの「決める」行為に着目して「深い学び」をとらえる

　新学習指導要領で目指される授業のキーワードの一つに「深い学び」という言葉があります。しかし，その解釈がはっきりしていません。教師によってイメージが異なるようです。

　例えば，内容論としてとらえると，発展的な難しいことを学習しなければならないように解釈できます。仮にこの解釈が正しいとすると，難しい内容とはどの程度の範囲の学習を指すのかが問題となります。しかし，新学習指導要領に示された内容を見ると，現行の学習指導要領と大きな違いは見られません。ですから単なる内容論としての言葉ではないと読み取れます。

　ご存知のように，「深い学び」はアクティブ・ラーニングの言い換えとして「主体的，対話的で深い学び」という表現として現れました。つまり，知

識・技能の習得という結果に至るまでの過程を重視したものなのです。ただ，学び方を表した言葉であるとしても，抽象的な表現なのでどのようにとらえればよいのかがわかりにくいのです。

私は，「深い学び」を読み解くカギは算数の授業中に子どもが行っている「決める」という行為にあると考えています。学んでいる子どもは，必ず何かを連続的に決めています。

例えば，何かを書くとき，書くという行為の背景で子どもは何を書くか決めています。そして，決めたことを書き表すわけです。話すという行為も同様です。何の脈絡もない無意味なことを話しているのではなく，その時点で話したいことを子どもは決めて話しています。

「決める」という見方は，算数授業の中で子どもが抱く問題意識にも当てはまります。授業の中で子どもが主体的に取り組もうとしたことは，意識的なのか無意識なのかは別にして，必ず，子ども自身が授業展開のそれぞれの時点で「はっきりさせたい」「考えてみたい」……と決めたことが対象となっています。つまり，算数の授業展開は，子どもが決めた問題意識の変遷なのです。言い換えれば，それが「学びに向かう力」の具体でもあります。

算数の授業展開は，「決める」を視点として単純化すると次のように見えてきます。

---

① 「決める」……直感的・感覚的に
② 「決め直す」…子ども自身の価値基準をもとに
③ 「決め直す」…より絞り込まれた子どもの価値基準をもとに
（※「決め直す」という行為は授業内容によって回数が異なる）

「決める」⇒「決め直し」……という学びは，子どもに「振り返り」とともに問題意識の焦点化を促します。問題意識の焦点化は，学びを深めることですから，子どもの「決め直し」の体験が，「深い学び」の具体だと言えるのです。授業者は，「決め直し」を意識した授業展開を心がける必要があります。

各領域の指導編

47 A「数と計算」領域の指導のポイントは？①

数詞というのは，一，十，百……千万，一万万と続いていきます。

ん？
一万万は変だと思います！

十進位取り記数法の原理の理解

　新学習指導要領でも，1年生から5年生まで，十進位取り記数法に関する指導が継続的に行われるようになっています。我々が使う数の仕組みの根幹に十進位取り記数法があるからです。

　特に整数，小数は十進位取り記数法の原理通りに表される数ですから，10個のまとまりができれば一つ上の位の数になる，あるいは，10で割れば一つ下の位の数になるということを具体物を数えるという操作を通して実感的に理解させることが重要です。そのとき，空位の「0」の意味をしっかり意識させましょう。もし「0」を書き入れなかったらと，子どもを揺さぶるような活動に意味があるということです。

　3年生までの整数の学習を通して十進位取り記数法の原理が理解できると，子どもはさらに桁数が増えても数の仕組みは同じだということがわかります。逆に，1より小さい小数を扱う場面でも，小数点という表記の違いがあるも

のの，結局，整数と仕組みは同じだと発見的に気づくことができます。大事なことは，原理は同じだと気づくことです。これは教師が教えることではありません。

十進位取り命数記数法の理解

　十進位取り記数法の学習場面では，当然のことながら数詞も扱います。十進位取り命数法です。「一，十，百，千，一万，十万，百万，千万，一億，十億，百億，千億，一兆……」と位が上がるごとに数詞が変わっていくわけです。

　ところで，これらの数詞は，子どもが発見できないものです。数詞は，教師が子どもに確実に教えなければいけません。だから，まだ教えていない数詞を「何と読めばいいですか？」と問うような発問はあり得ません。

　ただし，子どもに数詞を類推させるような場面があってもよいでしょう。例えば，次のように数詞を確認していくと，素直な子どもは面白い反応を示します。

```
         1……一
        10……十
       100……百
      1000……千
     10000……一万
    100000……十万
   1000000……百万
  10000000……千万
 100000000……一万万？
```

　すると，これがきっかけとなって「一万万だとおかしいよ」「だって，一，十，百，千が繰り返しているから」と，数詞の規則性にも目を向けます。この後で「一億」という新たな数詞を教えるわけです。

各領域の指導編

48 A「数と計算」領域の指導のポイントは？②

分数の意味の違いを明確にする

　算数で扱う分数は，その意味の違いに着目すると，次の3種類に分けられます。

①分割分数（操作分数）

　第2学年で扱われる分数です。例えば，折り紙を等しく折るという操作を通して，分数と出合うことになります。1を等しく分割してできる大きさを表す分数なので，分割分数と呼ばれます。現行の学習指導要領では$\frac{1}{2}$や$\frac{1}{4}$を扱っていましたが，新学習指導要領では，$\frac{1}{3}$も扱われることになります。

②量分数

　第3学年では，$\frac{1}{4}$mや$\frac{3}{4}$dLのように，具体的な量を表した分数を扱います。これは，量分数と呼ばれますが，分割分数とは全く意味が異なります。

第3学年以降に分数がわからなくなる子どもは，分割分数と量分数の違いがわからなくなっているのです。

　量分数は，例えば1mや1dL，1kgのような普遍単位を1としたときの量を分数で表しています。つまり，1という基準が普遍，すなわち決まっているので，例えば$\frac{1}{4}$mという長さは25cmのことを表します。ところが，わからなくなる子どもは，次のような図の長さで混乱します。

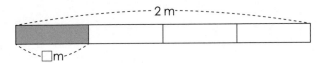

　この長さは「$\frac{1}{2}$m」です。しかし，分割分数の見方でとらえた子どもは，「$\frac{1}{4}$m」と誤った表現をしてしまいます。分割分数の見方でこのテープの長さを正確に表現すると，「2mの$\frac{1}{4}$の長さ」となります。つまり，分割分数には単位がつきません。全体に対する割合を意味しているからです。逆に量分数は量ですから，分数に単位がつくわけです。このことをしっかり指導しておかないと，子どもはずっと混乱したまま進んでいってしまいます。

　また，量分数だからできるのが分数の計算です。1が揃っているので計算できるのです。逆に，分割分数は計算できません。例えば，大きさが異なる2枚の折り紙のそれぞれの$\frac{1}{2}$をたしても1にはなりません。

③商分数

　「A÷B＝$\frac{A}{B}$」。このように商を表した分数を商分数と言い，第5学年で扱います。上のテープの長さも「2÷4＝$\frac{2}{4}$＝$\frac{1}{2}$（m）」と表現できます。商分数は，中学校数学で学習する有理数の基本となる分数です。

　第6学年で，分数の乗除計算や整数，小数，分数の混合計算を扱う場面でも，商分数の考え方を活用します。整数，小数，分数それぞれの数を柔軟に見られるようになるためにも欠かせない分数です。

　教師は，これらの分数の意味の違いを理解するとともに，なぜその学年で扱うのかという数学的な背景をしっかり理解したうえで指導にあたる必要があります。

各領域の指導編

49 A「数と計算」領域の指導のポイントは？③

 計算指導では，演算の意味理解と計算の仕方の指導を明確にする

　計算指導というと，計算が正しくできるという結果にばかり目が向きがちです。計算技能を定着させることが大事だからです。しかし，計算の手続きを教えて計算練習をすればよいというわけではありません。資質・能力を育むためには，演算の意味理解を明確にして，計算の仕方を子どもが生み出す授業が求められます。計算技能は演算が決定できるから使えるものですし，自分がつくった計算の仕方は決して忘れることがありません。何よりそこで機能させている見方・考え方こそが算数科に期待される資質・能力なのです。
　なお，算数で学ぶ演算の意味を簡単に整理すると，次のようになります。
　　○加法…合併，増加　　○減法…求残，求差，求補
　　○乗法…一つ分×いくつ分（単位量の考え），一つ分×倍（割合の考え），
　　　　　　積（例：長方形の面積＝縦×横）
　　○除法…等分除（一つ分を求める），包含除（いくつ分〈倍〉を求める）

「+」「−」「×」「÷」という演算記号は教師が教えることです。

計算の仕方を考えられるようにするために，逆から系統を見直す

　算数で扱う計算のスタートは1年生で学ぶ「1位数＋1位数」の加法です。一方，最終ゴールは6年生の「分数÷分数」の計算です。計算指導は，系統的に行われるため，一般的には，計算の指導内容を下学年から順に見ようとしがちです。私は，逆に，最終ゴールの「分数÷分数」をもとに，下学年での学習内容を見ていくようにして教材分析を行います。子どもが計算の仕方をつくることができるようになるためには，それ以前にどんな力を身につけておく必要があるのかを明確にし，指導の重点化を図るのです。

　ところで，「分数÷分数は，除数の分母・分子をひっくり返してかければ計算できる」という手続き的知識は簡単に伝えられます。しかし，計算できる理由はわかりません。理由がわかる子どもは，自分自身で計算の仕方を生み出しているのです。だから，子どもが「分数÷分数」の計算の仕方を生み出せるようになるために必要となる計算に対する見方・考え方を分析することが重要だと考えています。

　例えば，「$\frac{2}{3} \div \frac{4}{5}$」を「通分してみよう」と考える子どもがいます。これは，「通分」を理解しているから思いつく考えです。すると，「$\frac{10}{15} \div \frac{12}{15}$」となりますが，この子は次に被除数と除数を15倍して「10÷12」に変えます。つまり，「被除数，除数に同じ数をかけても商は同じ」というわり算の性質（比例）を利用しているわけです。そして，最終的に「$10 \div 12 = \frac{10}{12} = \frac{5}{6}$」と，「商分数」と「約分」の考えを用いて正しい答えを導き出します。これを一つの式に表してみます。すると，「$\frac{(2 \times 5) \div (4 \times 3)}{(3 \times 5) \div (5 \times 3)} = \frac{2 \times 5}{4 \times 3} = \frac{2 \times 5}{3 \times 4}$」，つまり，「除数の分母・分子をひっくり返してかける」式になります。これは，子どもが生み出す「分数÷分数」の計算の仕方の一つですが，これだけでも下学年から大事にすべき考えが見えてきます。なお，当然のことながら「分数÷分数」を計算する方法はこれだけではありません。他の方法についても同様に分析してみることをお勧めします。

各領域の指導編

50 B「図形」領域の指導のポイントは？①

子どもが実感できる図形の概念形成を目指す

　図形の概念形成は，図形の名前を覚えることではありません。単なる知識や記憶とは全く異なります。図形の概念は，漠然ととらえていた図形に対して，図形を見る視点を決めると分類できることに気づき，実際に分類整理し，「同じ」仲間と言える図形の集合を見出すこと，そして，その図形の集合を言語化してみること，このような一連の活動を体験して初めて形成できるものです。だから，子どもが自分の手を使って仲間に分けたり，仲間をつくってみたり，かいてみたり……という操作等を通して実感できるようにすることが大事になります。そして，子どもなりに言語表現をさせてみるのです。図形の名称等の数学用語を教えるのはその後です。

　ところで，新学習指導要領のB「図形」領域の中には，現行の学習指導要領でB「量と測定」領域であった「面積」や「体積」が組み込まれました。

面積の用語である「底辺」,体積の用語である「底面積」これらの概念も明確にする必要があります。そのためには,子どもが意識できていない（見えていない）ことを意識できる（見える）ような場の設定や活動が必要です。所謂「揺さぶり」です。

例えば,次のような提示をして「底辺はどこ？」「高さはどこ？」と問うだけでも子どもの見方は揺さぶられます。

○底辺はどこ？ 高さはどこ？

それは,立体図形も同様で,三角柱や六角柱という名前は知っているにもかかわらず,次のような向きで見せると,名前がわからなくなる子どもがいます。さらに,「底面はどこ？」と尋ねてみると,「底にある面」を指さしたりします。

○底面はどこ？

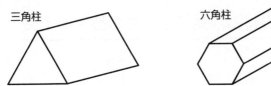

底辺,底面,どちらの用語にも「底」という言葉が入っています。しかし,それぞれの概念は「底にある辺」「底にある面」ではありません。三角形であれば,その底辺はどの辺でもよいのです。一つの辺を底辺と決めると,その辺と向かい合った頂点まで引いた垂直な直線の長さが「高さ」になります。また,角柱の底面は,角柱の中に1組だけある平行な2つの合同な面です。

子どもの誤概念をもとに図形に対する見方を揺さぶることは,子ども達に新たな図形の見方を意識させることにつながります。図形の正しい概念形成は,図形に対する見方の獲得なしにはできません。

各領域の指導編

51 B「図形」領域の指導のポイントは？②

構成要素の特徴が見えるための教具の工夫

　図形の学習は，提示する教材や子どもに与える教具によって左右されます。図形の概念形成のもとになる構成要素の特徴や構成要素間の関係等が子どもの目に留まるきっかけとなるのが教材であり，教具だからです。だから，何の工夫もない教材や教具を与えて，子どもの気づきを待つような授業ではいけません。それでは偶然に頼りすぎています。子どもが必然的に図形の特徴を見出せるような工夫を教具に施す必要があります。

　例えば，正三角形や二等辺三角形の概念形成を目指した授業で，色が異なるストローをモールでつなげてつくった三角形を教材として用いることがあります。ここでの工夫は，次のようなものです。
○同じ色のストローは全て同じ長さなので，ストローの色で，三角形の辺の

長さの相等関係が見えます。例えば，正三角形は１色のストローで，二等辺三角形は２色のストローでできるわけです。

○ストローで作られた三角形は辺の内側が空いています。面ではなく，三角形の辺の部分に子どもの目が自然と向かうようになります。

ただし，ここでいう教具の工夫は，わざとらしく「見えやすくする」ということではありません。子どもに備わっている資質としての見方や自然な心理を生かすための工夫だということを確認しておきます。

また，同じ図形を見せる場合でも，次の３つでは効果が異なります。

① 　② 　③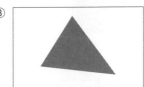

①は三角形の色板です。②も同じく色板ですが，縁取りされています。③は，紙に三角形を印刷したものです。①や②の場合，厚い色板であれば「辺は真っ直ぐ」「角は尖っている」という特徴を手の触感で認識することができます。仮に薄い色板であれば，「折る」という行為が生まれやすくなります。また，②で敷き詰め模様をつくる場合，図形の境がはっきり見えるので，対応する辺に目が向かいます。③は図形の回りにスペースがあるので，図形に色づけしたり，自分が気づいたことを直接書き込みたくなります。授業の目的に応じて教具を使い分けたいものです。

偶然に頼らない場面設定の工夫

図形の概念形成に仲間分けは欠かせません。しかし，何の工夫もなく「仲間に分けましょう」と投げかけても意味がありません。最終的に教師が考えている仲間分けに収束させる授業は，素直な子どもの見方を否定する授業になるからです。教具に工夫することは勿論のこと，例えば，ICTの項で紹介した「あるなしクイズ」のように，視点を焦点化して必然的に概念形成できる場を用意することも大事にしたい授業づくりのポイントです。

各領域の指導編

52 C「測定」領域の指導のポイントは？①

量に対する子どもの素直な見方を生かした比較方法と測定

　新学習指導要領のC「測定」領域は、第1学年～第3学年に設定された下学年だけの領域です。量に対する確かな認識を育てるためにも、測定する量に対する子どもの素直な見方を引き出し価値づけていくことを大事にしたいものです。

　例えば、比較対象の長さの長短が明らかな場合、子どもは「比べたい」とは思いません。直感的に判断できるからです。ところが、①と②のようなテープが対象となったとき、子どもは、測定方法を素直に検討し始めます。

まず思いつくのは，テープを真っ直ぐにして，端を揃えて比べる「直接比較」のアイデアです。

また，廊下にある机が教室に入るかどうか検討する場面であれば，紐を用意して，机の幅と扉の入り口の幅を紐に写し取って比べるアイデアが思いつきます。動かすことができないものの長さを比べる状況だから生まれる所謂「間接比較」のアイデアです。

これ以外にも，鉛筆等の具体物を用意して，そのいくつ分の長さなのかを調べるアイデアも生まれます。具体物を「任意単位」として測定する考えです。直接比較，間接比較と大きく異なるのは，長さが数値化されるところです。長さは視覚的にとらえられる量ですが，それ自体には「数」が備わっていません。そこに「単位」となる長さを決めることで，長さが「単位」のいくつ分という数で表すことができるようになるわけです。結果的に，長さの違いも数で表現できます。

ここまでのアイデアは，子どもが生み出すことができるものであり，資質・能力を育む活動そのものです。

そして，最終的に世界共通の単位である「cm」や「m」といった「普遍単位」の存在を教えます。この普遍単位の記号や読み方は知識です。なお，長さを正しく測定できる技能は，能力として子どもに蓄えられていきます。

ところで，「直接比較⇒間接比較⇒任意単位による比較⇒普遍単位による比較」という比較方法は，「長さ」以外の量に対しても適用できます。1年生〜3年生で「長さ」「広さ」「かさ」「重さ」を学習する場面において，量の測定原理として繰り返し体験することになります。

ただし，私は，この比較方法を全ての量の学習で必ず順番通りに扱わなければならないとは考えていません。いろいろな量を測定する体験を積み重ねていく中で，子どもは量の比較方法に関する考え方を蓄えていきます。だから，新たに出合った量に対して最初から「任意単位」を用いようとする子どもがいても不思議ではありません。逆にそのような姿が，測定に対する資質・能力を身につけた子どもの姿だと言えます。

C 測定

各領域の指導編

53 C「測定」領域の指導のポイントは？②

時計の学習は…

アナログ時計 ＋ デジタル時計

でスタート!!

 「時刻と時間」の指導は長いスパンで行う

　C「測定」領域で扱われるもう一つの内容に，「時刻と時間」があります。現行の学習指導要領下の算数授業でも，「時刻や時間の指導は難しい」という教師の声を耳にします。時間の仕組みが60進法になっているため，時計を正しく読むことができないというのです。確かにそれも子どもがわかりにくいと感じる一因ですが，子どもはそれ以上に時間という量の存在や意味自体がわからないものです。時間は目に見えない量ですし，例え同じ時間であっても，人によって，あるいは場面によって長く感じたり短く感じたりします。つまり，主観によって感じ方が変わる特殊な量だと言えます。そんな特殊な量を１年生が学習しているのですから，わかりにくいのは当たり前と考えるべきなのです。ただ，時刻や時間は日常生活を送るうえで欠かせません。教

師には，子どもが理解できるような指導の工夫が求められます。

　私の場合は，まず，時刻や時間の学習を他の単元の学習と同じ扱いはしません。あえて学年当初に指導します。そして，1年間の学校生活を通して継続的に扱います。最終的な評価は学年末でよいととらえ，単元という一定時間の指導だけで定着させようという考えを捨てているわけです。

　また，1年生の場合，デジタル時計とアナログ時計を教室に用意します。アナログ時計が読めない子どもも，デジタル時計の数字は読めます。アナログ時計とデジタル時計を比べながら，アナログ時計の長針，短針が指す目盛りの意味理解を図っていきます。この環境に慣れてくると，2つの時計を置く位置を少しずつ離していきます。最終的には教室の前（子どもの目の前）にアナログ時計，教室の後ろにデジタル時計という配置とします。後ろを振り向かず時刻が読めるかどうかで，時刻の理解度が一目瞭然となります。

量の感覚を育てることを重視する

　C「測定」領域の指導で大事にしたいことのもう一つは，量の感覚を育てるということです。1mの長さの感覚，1Lのかさの感覚，1kgの重さの感覚は，それぞれ実物に触れたり，実際に操作してつくったりするという体験を通してでしか得られません。自分の手を使わないと感覚は育ちません。

　例えば，1dL升を使って1L升を水で満たしていくことで，1dL升の大きさや重さを自分の手の感触を通して覚えるとともに，10杯で1Lになるという単位間の関係も実感的に理解できます。

　中でも目に見えない量である重さの感覚は大人でも曖昧です。重さの感覚は，「具体的なモノを手に持つ⇒秤に載せて重さを量る」という繰り返しによって身につけられるものです。いろいろなモノの重さを実際に確かめる活動を子どもに保障しましょう。なお，この活動は，同時に秤を読む能力も育みますから一石二鳥であることも申し添えておきます。

　また，量の感覚は普遍単位の使い分けにも影響します。単位を知っていても，量の感覚がなければどれを使えばよいか適切に判断できないからです。

各領域の指導編

54 C「変化と関係」領域の指導のポイントは？

規則性が存在することに気づき，整理する喜びを味わわせる

　人間は，それまで自分に見えていなかったことが見えるようになったとき，「アッ！　面白い！」と感じ，喜びを感じます。新学習指導要領で第4学年～第6学年に設けられたC「変化と関係」領域の学習では，この喜びを子どもに感じ取らせることを目指します。そのためには，次のようなことを意識して授業を構成する必要があります。

○規則性の存在を前提とした授業展開からの脱却

　「きまりを見つけましょう」という発問は厳禁です。これでは，きまりがあるということを子どもに告げているのと同じです。きまりがあるとは思っていない子どもが，目の前の問題解決に向けて取り組んでいる中で，きまりの存在に気づくような授業展開を演出します。

138

○1番目,2番目,3番目と順に変化を確認していく授業展開からの脱却

下図のようにマッチ棒で正方形をつくっていく場合に,変化の規則性に気づかせようと正方形が1個のとき,2個のとき,3個のとき……と順に確かめていく授業があります。これも,規則性があるということが見え見えの授業展開の一つです。

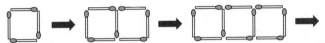

例えば,正方形2個のとき,4個のとき,10個のときと扱ってみるとどうでしょう。おそらく,2個の場面から誤答の子どもがいると思います。そして,4個でも間違う子どもがいるでしょう。しかし,このズレがマッチ棒の数の仕組みを振り返るきっかけとなります。中には1個の場合に戻って考えようとする子どもも現れます。ここで機能している思考力や判断力が資質・能力です。また,10個とか50個という大きな個数の場合を問うことも,子どもに「簡単に求める方法はないか？」という思考を促し,きまりを発見するきっかけとなります。

○変化の規則性を表現する

上の正方形の場合,見つけたきまりを子どもに表現させると,どんな反応を示すでしょうか。例えば,「正方形が一つ増えるとマッチ棒が3本増える」と言う子どもがいるでしょう。しかし,それだけでありません。それ以前に表に整理する子どもがいます。表は,変化を整理しやすい算数の言語です。

正方形の数（個）	1	2	3	4	5
マッチ棒の数（本）	4	7	10	13	16

さらに,表の数値から,「正方形の数×3＋1＝マッチ棒の数」という式を導き出す子どもが現れます。このとき,記号や文字を用いて「○×3＋1＝□」と簡潔に表現できるようにすることも大事にしたい指導内容です。また,変化の様子を表す折れ線グラフも大事にしたい表現力です。

数量の関係を式や表,グラフで的確に表せる表現力が「見える喜び」を支えているとともに,これも算数科で育てるべき大事な資質・能力なのです。

各領域の指導編

55 D「データの活用」領域の指導のポイントは？

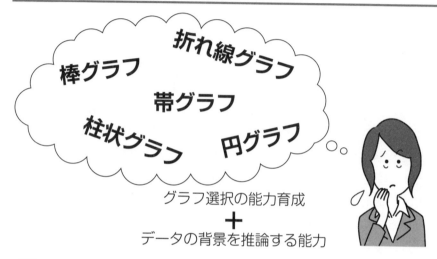

表やグラフが問題解決に生かせるように

　新学習指導要領では，これまで「数量関係」領域で扱われていた内容の中，表やグラフが分離されてD「データの活用」領域として位置づけられました。これまでも，表やグラフに整理したり，読み取ったりする学習が行われてきました。一体何が変わるのでしょうか。

　新学習指導要領の「データの活用」の表記を見ると，次のような興味深い表現が目に留まります。

○統計的な問題解決の方法を知ること

4年，5年「データの収集や適切な手法の選択など統計的な問題解決の方法を知ること」

6年「**目的に応じて**データを収集したり適切な手法を選択したりするなど，統計的な問題解決の方法を知ること」（下線は筆者）

統計的な手法をただ知ることが目的ではなく，現実的な問題解決に活かせる統計的な方法の獲得が目指されています。例えば，調査をするときの質問紙を自由記述にした場合と選択肢にした場合の違いを明確に理解できるようなことも大事にしなければいけません。

○グラフによる表現とその考察

4年「目的に応じてデータを集めて分類整理し，データの特徴や傾向に着目し，問題を解決するために適切なグラフを選択して判断し，その結論について考察すること」

5年「目的に応じてデータを集めて分類整理し，データの特徴や傾向に着目し，問題を解決するために適切なグラフを選択して判断し，その結論について<u>多面的に捉え</u>考察すること」（下線は筆者）

6年「目的に応じてデータを集めて分類整理し，データの特徴や傾向に着目し，<u>代表値</u>などを用いて問題の結論について<u>判断する</u>とともに，その<u>妥当性</u>について<u>批判的に</u>考察すること」（下線は筆者）

　棒グラフ，折れ線グラフ，帯グラフ，円グラフ，柱状グラフの特徴と使用目的を理解し，自らの問題解決の目的に応じてグラフを選択できる能力の育成が期待されています。そして，選んだグラフで表現した結果から何が言えるかということを考察することも大事にされています。それはグラフに表された数値をそのまま読み取るという単純なものではなく，「～だから…ということが言える」という判断とか，「その理由は～であろう」というデータの背景を推論する能力が期待されているということです。だから，「内容の取扱い」にも，4年「<u>複数系列のグラフ</u>や<u>組み合わせたグラフ</u>にも触れるものとする」，5年「<u>複数の帯グラフ</u>を比べることにも触れるものとする」という表記も見られます。考えてみれば，社会科や理科の授業でグラフの読み取りを行っていることと似ています。これまでは道具としての表やグラフの理解が主でしたが，新学習指導要領では本当の問題解決をするための表やグラフの使い方が求められるということを意識して指導にあたりたいものです。

おわりに

　算数の授業づくりといっても，その構造は，教材研究，目標分析，教材設定，教材提示，発問の設定，活動の設定，子どもの反応の予測，反応に応じた対応，授業の評価……と，細かく言えばきりがありません。若い先生方が，何から手をつけたらよいのか戸惑ってしまうのも当然のことです。
　特に，新しい学習指導要領が告示され，新しい算数授業像が求められるこの時期においては尚更のことだと言えます。
　本書では，その指標となるものを55の項目に分けて整理してみました。私自身，書きながらこれまでの自分の授業実践を振り返るとともに，自らの授業観や子ども観，そして算数観を見直す機会となりました。そして，書き終えた今，改めて学ぶ子どもが笑顔になる算数の授業づくりの実現こそが具体的な目標であるということを感じています。
　ただ，そのためには本書で紹介した55の項目だけでは不十分な点もあると思われます。足りない点については，読者の皆様の目の前にいる具体的な子どもの姿をもとに補っていただければ幸いです。私もこれからの授業研究を通して，私自身の算数授業の引き出しを増やしていきたいと考えています。

　最後に，本書をまとめるにあたり，完成に至るまで気長にお待ちいただいた明治図書の林　知里様には本当にお世話になりました。
　改めてお礼申し上げます。

　　　平成29年5月

　　　　　　　　　　　　　　　　　　　筑波大学附属小学校　　山本　良和

【著者紹介】
山本　良和（やまもと　よしかず）
筑波大学附属小学校教諭
1963年高知県生まれ
鳴門教育大学大学院修士課程修了
高知市立大津小学校，高知大学教育学部附属小学校を経て現職
國學院大學栃木短期大学講師
算数授業ICT研究会代表，全国算数授業研究会理事
学校図書教科書『みんなと学ぶ小学校算数』執筆者

［本文イラスト］　木村　美穂

山本良和の算数授業
必ず身につけたい算数指導の基礎・基本55
―資質・能力を育む授業を実現するための方法―

| 2017年7月初版第1刷刊　©著　者 | 山　本　良　和 |
| 2021年6月初版第5刷刊　発行者 | 藤　原　光　政 |

発行所　明治図書出版株式会社
http://www.meijitosho.co.jp
（企画）林　知里（校正）川村千晶
〒114-0023　東京都北区滝野川7-46-1
振替00160-5-151318　電話03(5907)6703
ご注文窓口　　　　　電話03(5907)6668

＊検印省略　　組版所　長野印刷商工株式会社

本書の無断コピーは，著作権・出版権にふれます。ご注意ください。

Printed in Japan　ISBN978-4-18-116214-6
もれなくクーポンがもらえる！読者アンケートはこちらから →

平成29年版 学習指導要領改訂のポイント

小学校 算数

『授業力&学級経営力』編集部 編

数十年ぶりの大きな改訂となった平成29年版学習指導要領。その改訂の背景や新しい教育課程の方向性を、キーワードや事例を軸に徹底解説。資質・能力に基づく教科目標から、新しい領域構成まで、広く、深く扱っています。学習指導要領（案）の付録つき。

『授業力&学級経営力』PLUS

もくじ

- 提　言　算数科における改訂の具体的な方向性　笠井健一
- 第1章　キーワードでみる学習指導要領改訂のポイント
- 第2章　事例でみる学習指導要領改訂のポイント

120ページ／Ｂ５判／1,900円+税／図書番号：2713

明治図書

http://www.meijitosho.co.jp
〒114-0023　東京都北区滝野川7-46-1　ご注文窓口　TEL 03-5907-6668　FAX 050-3156-2790

携帯・スマートフォンからは **明治図書ONLINE** へ　書籍の検索、注文ができます。
＊併記4桁の図書番号（英数字）でHP、携帯での検索・注文が簡単に行えます。

＊価格は全て本体価格表示です。